JAYNE MANSFIELD
1967

DU MÊME AUTEUR

ANTHOLOGIE DES APPARITIONS, Flammarion, 2004.
NADA EXIST, Flammarion, 2007.
L'HYPER JUSTINE, Flammarion, 2009.

SIMON LIBERATI

JAYNE MANSFIELD
1967

roman

BERNARD GRASSET
PARIS

Photos de jaquette :
© Hulton-Deutsch Collection/Corbis
© Bettmann/Corbis

ISBN : 978-2-246-77181-4

Tous droits de traduction, de reproduction et d'adaptation
réservés pour tous pays.

© *Éditions Grasset & Fasquelle, 2011.*

« Jayne's favorite word about herself was crescendo. »

M. S.

1

Aux basses heures de la nuit, le 29 juin
1967, sur un tronçon de la route US 90
qui relie la ville de Biloxi à La Nouvelle-
Orléans, une Buick Electra 225 bleu métal-
lisé, modèle 66, se trouva engagée dans une
collision mortelle.

Le premier témoin de l'accident et sa cause
première se nommait Richard Rambo. Il
conduisait un semi-remorque Western Star à
dix-huit roues pour le compte de la société de
fret Johnson Motor Lines. Le crash eut lieu à
un kilomètre et demi du pont des Rigolets,
un ouvrage d'art de mille trois cent quatre-
vingt-huit mètres de long, construit en 1929
et qui serait en partie démoli par le cyclone
Katrina en août 2005. D'origine française, le
mot *rigolet* désigne en toponymie orléanaise un

petit ruisseau. Il se prête mal à un aussi vaste paysage, débouché du lac Ponchartrain dans le lac Borgne à l'est du delta du Mississippi.

Au sortir des Rigolets, la chaussée longtemps rétrécie entre les poutrelles du pont s'élargit sur quatre voies, deux files de circulation et deux dégagements d'urgence. L'évasement suscite un appel du vide, une accélération massive. Selon le *Fatality Analysis Reporting System*, un rapport réalisé en 1970 par la NHTSA (National Highway Traffic Safety Administration [1]), dans cette configuration les risques d'accident impliquant des poids lourds sont accrus en cas d'affluence ou de visibilité réduite.

Au moment fatal, vers deux heures et demie du matin, le jeudi 29 juin 1967, la route semblait déserte. Elle ressuscitait la vieille piste indienne, surnommée « chemin du chef menteur » *(oulabe mingo)*, qui permettait aux éclaireurs choctaws de traverser les bayous de La Nouvelle-Orléans.

Après une bruyante montée en puissance, le camion de Richard Rambo allait atteindre sa vitesse de croisière quand le chauffeur aperçut

---

1. Administration de la sécurité des transports autoroutiers.

au dévers d'une courbe, sur le bas-côté gauche de la route, un phare d'alerte clignotant qui émergeait d'un nuage de vapeur. Il passa au point mort, accéléra à vide et rétrograda à plusieurs reprises pour ramener son cinquante tonnes à l'allure d'un tracteur agricole sans brûler les freins ni fatiguer vainement les ampoules de feu stop. Arrivé à la hauteur du gyrophare, il reconnut à ses fumigations malodorantes un *fogging truck*.

Natif des Everglades, Rambo supportait depuis toujours les *fogging trucks*, des véhicules propulseurs de pesticides que l'État de Louisiane, à l'exemple de son voisin de Floride, affrétait pour lutter contre la prolifération des moustiques. Cette offensive chimique avait empoisonné les habitants des zones marécageuses pendant tout l'après-guerre. L'engin, une jeep Willys pick-up 1953 surmonté d'un petit canon comme une automitrailleuse, tenait davantage du blindé léger que du matériel de santé publique. Il cahotait et crachotait sans s'inquiéter de son sillage. Poussé par une brise venue du golfe du Mexique, le gaz aérosol CFC-DDT envahissait les quatre voies de la route.

On ne voyait plus à trois mètres. Dans un bruit de soufflet, Rambo actionna le ralentisseur *jake brake*. Selon l'expertise judiciaire, sa vitesse lors de l'impact se situait entre 0 et 30 km/h. Il entendit alors un bruit qui ressemblait, d'après ce qu'il dit plus tard à la police, à « l'explosion d'une bombe ». Aucune onde de choc ne se ressentit dans la cabine. L'impact ne semblait pas concerner le poids lourd.

Il s'apprêtait à relancer les gaz pour sortir du chaos, quand le train roulant commença à onduler dangereusement avec un fracas de ferraille et de verre cassé. Quelque chose gênait les roues portantes à l'arrière. Rambo fit grincer les freins et le véhicule s'arrêta dans la nuit. L'insecticide formait un nuage si épais qu'on ne distinguait pas les catadioptres du bec de remorque dans le rétroviseur de la portière. Les puissants warnings se réfractaient dans la pollution atmosphérique en teintant la cabine d'une lumière de *light show*.

À l'extérieur la brise était empoisonnée par l'odeur du DDT et des composés organiques volatils. Comme toujours à cette saison dans le Deep South américain, l'air suintait l'humidité et les stridulations des insectes formaient un tissu sonore aussi étouffant que le gaz. Ils étaient les seuls à n'être pas dérangés des égards qu'on avait pour eux. Descendu du marchepied, Rambo contourna l'énorme camion par l'avant pour éviter de s'aventurer sur la voie rapide. Il récupéra une barre à mine dans un logement situé à l'arrière de la cabine. En avançant, il cogna les essieux à la recherche de l'objet qui entravait le train roulant du cinquante tonnes. D'après son témoignage, il croyait avoir fauché un de ces containers à ordures que les chiens errants poussent sur les chaussées. Une fois franchis les quinze mètres qui le séparaient de l'arrière du véhicule, il s'arrêta et abandonna tout espoir de repartir.

Seul point brillant dans la nuit, une poignée de portière chromée pointait au ras de la benne.

Comment une voiture s'était-elle encastrée sous son camion ? Il crut d'abord qu'il avait roulé sur une épave abandonnée au bord de la route. Il se pencha pour voir. À plus de trois mètres d'enfoncement sous la remorque, la roue avant d'une Buick, d'une nature beaucoup plus délicate que celle des essieux du cinquante tonnes, s'était tordue dans un angle impossible qui rappelait celui d'une fracture ouverte. Une rage qu'aucun signe annonciateur ne laissait prévoir avait coincé sous les zones inférieures du châssis, graisseuses, immondes, le métal étranger, plus fin, féminin, colorié de bleu pâle, sans prendre garde aux froissements, aux déchirures, aux dégâts irréversibles que le contact entre les deux matières infligeait à la plus fragile. Tout cela devait s'être passé très vite, à une vitesse folle, d'un geste irrattrapable, absurde, et non au ralenti.

La panique envahit le chauffeur. Elle était amplifiée par les produits pesticides, un cauchemar flottant dans une atmosphère où on peinait à respirer. L'impression qui dominait à la vue de la masse bleutée comprimée sous le châssis de la remorque était l'écrasement. Un étouffoir. Le dossier judiciaire nous apprend que Rambo souffrait d'asthme allergique et qu'un de ses parents était mort écrasé par le train rapide de Santa Fe. La chair humaine abomine certaines oppressions qui lui évoquent d'anciennes blessures, une communauté de souffrance.

Les vapeurs s'évanouissaient dans l'atmosphère et la grande lune brillante du Mississippi perça à nouveau. Elle éclaira à l'arrière du camion le toit de la voiture, arraché et tiré vers le haut comme le couvercle d'une boîte de sardines (image reprise par la presse du lendemain). Rambo comprit seulement à cet instant, plus de deux minutes après l'accident, ce qui s'était passé : la Buick bleue l'avait percuté par-derrière avec un tel élan qu'elle s'était enfoncée aux trois quarts sous le châssis de la remorque.

La violence du choc supposait une force anormale, le coup de pilon d'un autre poids lourd. Mais derrière le toit il y avait un coffre bleu, lisse, intact comme une piscine de démonstration, et derrière le coffre, le chemin du chef menteur demeurait aussi calme que tout à l'heure, avant la catastrophe.

La lueur rouge du *fogging truck* réapparut au loin, elle continuait à clignoter en aveugle dans un nuage chimique. On aurait dit qu'il ne s'était rien passé. Une voiture tombée du ciel, la chute d'un météore. À ce moment, le canon s'arrêta de propulser l'insecticide et de nouvelles lumières latérales s'allumèrent.

L'autre chauffeur avait déclenché à son tour les feux de secours de la Jeep.

Une ombre coiffait la poignée chromée. Rambo la toucha et recula la main aussitôt, la touffe était à la fois douce et rêche, une bourre de fauteuil, un bout de queue de poney. Les cheveux d'une poupée ? D'une femme ?

En s'appuyant sur la joue de métal de la benne, Rambo eut la peur irraisonnée de se brûler. Mais tout était froid. Surmontant l'aversion que les cheveux blonds (une perruque ?) lui inspiraient, il s'efforça de décoincer la portière. Elle était prise dans la masse entre l'asphalte et le châssis du poids lourd.

Passé à l'arrière, il essaya aussi d'ouvrir le coffre mais il était verrouillé. Il lut du doigt en aveugle le sigle « Electra 225 », doucement nappé de plastique, clippé sur le coffre intact, doux lui aussi, propre, neuf… la voiture était neuve, la plaque aussi sous sa paume, non loin de l'échappement encore brûlant, avec ses chiffres et ses deux lettres abrégées de l'État : MS pour Mississippi. La grande douceur du métal et l'appui qu'il y trouvait lui permirent de reprendre son souffle. Il dut se forcer à relever la tête. Tout était parfait sur une distance d'un mètre cinquante, jusqu'aux charnières du coffre, puis l'horreur recommençait. Sur la vitre arrière explosée la masse du camion avait reculé à la verticale comme une simple capote le toit de tôle peinte, écaillé par le choc, dont les montants avaient été cisaillés.

Il buta sur une pièce de métal bleu en forme de boomerang : une partie amovible du pare-boue tombée au sol. Il se griffa les paumes sur des gravillons, rapide génuflexion. À quatre pattes il entendit bouger, ce n'était plus vraiment le silence, ni un signe de vie, ni les scies des bestioles, ça chuintait sournoisement. Des vapeurs remontaient de la carcasse inférieure, une palpitation de bête dominée, coincée dans sa fuite. Le doux chuintement trahissait l'hémorragie d'un flexible sectionné ou la vidange d'un fond de culasse. Un petit bruit torve annonce d'explosion. Un cordon de dynamite, un court-circuit, une fuite de gaz réfrigérant... Le moteur remuglait une odeur mixte d'essence, d'huile chaude et de liquide de refroidissement. Le sang des machines. Un jus sombre gagnait l'asphalte sous ses mains et ses pieds. Il s'écarta de plusieurs mètres.

Une première série de photos de police, prise une trentaine de minutes plus tard, reproduit ce qu'il voyait du bas-côté de la route. Plus rare que les images diffusées dans la presse, elle montre les deux véhicules encore unis avant la désincarcération : une scène de soumission, d'épousailles contre nature, la langue bleutée du toit de la Buick remonte comme une vague sur le cul rouillé de la benne, la peinture métallisée brille sous le flash, la forme obscure du camion repousse la lumière. Le soc est enfoncé au ras de la ceinture de caisse jusqu'au milieu de l'habitacle. Un fer de justice, une massole, une machine à décerveler. Il porte l'écusson triangulaire du carrossier, TMC. Au-dessus de l'écusson, une inscription majuscule à la peinture blanche avertit : *PLEASE CAUTION*. Elle court sur les deux volets arrière. Il s'agit d'une mise en garde concernant l'ouverture de la benne.

Sans l'alibi du pesticide, désormais dissous dans l'atmosphère, la scène de l'accident prenait le sens trompeur que la police et les premiers secours risquaient de lui donner : une voiture de tourisme et ses occupants broyés dans un accident inexplicable, l'imprudence d'un routier arrêté sans raison au milieu de la voie… Richard Rambo ne pouvait pas prétendre au rôle de victime. Le contrecoup du choc aggravait son pessimisme. Il se sentait d'autant plus seul, abandonné, visible, assassin, que la machine attrapée sous la sienne ne contenait, croyait-il, aucun survivant. Son témoignage à la police routière passerait sous silence cette passivité.

La solitude de Richard Rambo était complète. Il n'entendit pas le bruit caractéristique d'un moteur en marche arrière ni une voix humaine qui s'adressait à lui. Il fallut que James T. McLelland, le chauffeur du *fogging truck*, le hèle à plusieurs reprises pour attirer son attention. Au même moment, un véhicule de tourisme, une Oldsmobile 67 rouge d'après McLelland, arriva à la hauteur des deux hommes, mais la conductrice fila sans proposer d'aide. Elle téléphona quelques jours plus tard à une radio locale pour affirmer que le conducteur du camion ne lui avait pas paru dans un état normal. Les avocats des parties civiles chercheront en vain à mander cette bonne âme lors du dernier procès, en 1971.

Confus, stupéfait, Rambo passa pour « choqué » dans le jargon des services de secours, il le resta durant toute l'opération. Un pigiste d'une feuille californienne fut le seul journaliste à s'intéresser à lui, un des rares aussi à être présent au moment de la désincarcération de la Buick et des horreurs qui s'ensuivirent. Il transcrit le nom italien de Rambo en cajun, l'appelle *Rambaud* et en parle dans la presse du lendemain (*The Modesto Bee*, numéro du 29 juin 1967) comme d'un « *quadragénaire prostré, en état de choc* ». Rambo avait vingt-neuf ans.

James T. McLelland n'a pas laissé non plus beaucoup de traces dans les comptes rendus de presse. Son nom figure dans certains actes de justice, notamment les attendus des procès Brody-Cimber-Hargitay en 1968, 1969 et 1971. À la différence de Rambo, il y est reconnu coupable de négligence, mais son *fogging truck* n'est pas directement mis en cause dans le sinistre. Les lois de l'État autorisaient sa présence sur les voies rapides sans pour autant qu'une pulvérisation à cet endroit fasse l'objet d'une directive particulière des services d'hygiène. Au lendemain du drame, un seul quotidien, le *Tri-City Herald*, dans son numéro du 30 juin, le cite comme l'homme qui est allé chercher les secours.

McLelland ne se sentait pas responsable. L'inertie du chauffeur lui donnait loisir de jouer les utilités. D'après les premiers témoins – les voitures commençaient à s'accumuler aux alentours, éclairant de leurs phares, comme une rampe de théâtre, la scène de l'accident –, il aurait même tenté d'ouvrir les portières arrière de la Buick, en vain.

McLelland ne pouvait prévoir la place que son engin prendrait par la suite. Un rôle appelé à devenir central à mesure que le fait divers, comme toute légende, se simplifierait. Dans certains articles d'abord, puis dans les livres consacrés à la défunte, le camion de Rambo disparaîtrait, malgré ses dix-huit mètres, comme un vaisseau fantôme dans le nuage d'insecticide. On ne retiendrait que le *fogging truck*, transformé en citerne maléfique, voire en goudronneuse distilleuse d'humeur noire, machine de mort dans laquelle serait venue se mutiler celle qui avait été élue Miss Freeway quinze ans plus tôt.

Quand McLelland remonta dans sa Jeep pour prévenir les secours, Rambo avait déjà dû donner sa version de l'accident.

Les conducteurs présents avaient peut-être confirmé que la vaporisation du pesticide en bord de route rendait la circulation dangereuse. L'exterminateur se sentit-il en danger ? Un indice le prouve, la présence presque immédiate sur les lieux d'une sorte de pachyderme en chemisette militaire : George Carmichael. On l'aperçoit sur les photos de presse prises après la désincarcération. Un homme qu'on ne réveillait pas à la légère au téléphone à trois heures du matin, un homme qui n'aurait rien eu à faire là si la conscience de McLelland avait été aussi limpide que l'air environnant, une fois le nuage de DDT fondu dans les fumigations des marais. Carmichael était le boss de McLelland, le patron du service d'hygiène du comté de La Nouvelle-Orléans, le Robert McNamara de la lutte antimoustiques.

Aussitôt sur la scène de l'accident, Carmichael se révéla plus pugnace que McLelland. Il joua de ses liens avec la police de Slidell pour défendre la cause de son employé et évincer des micros le chauffeur de chez Johnson Motor Lines, isolé par son statut d'étranger. Un type venu de Pensacola en Floride par la Old Spanish Trail, dans un camion d'une compagnie de fret routier basée en Caroline du Nord, ne faisait pas le poids face à un ponte de la mairie orléanaise. Pensacola, l'élégant vieux comptoir espagnol du golfe du Mexique, n'est pas Slidell, un trou noyé dans les marigots à crocodiles.

Après l'identification des cadavres, la prudence administrative s'effaça devant le désir de publicité. Fin politique, le gros Carmichael continua d'occuper le terrain, on l'entendit partout. Volant la parole aux équipes de secours, il évoqua la collision en homme de la rue, lâchant la formule de circonstance attendue : « Ce crash est la chose la plus terrible qu'il m'ait été donnée de voir. » *The most dreadful thing...* La phrase et la source furent citées dans toute la presse nationale le lendemain, preuve de l'importance que donnaient au grand dragon antimoustiques les journalistes des bureaux de l'agence de presse locale.

McLelland parti téléphoner, Rambo sortit de sa stupeur et vit le grand nombre de curieux qui avaient garé leurs voitures en file indienne sur la voie de dégagement. Le devoir le poussa à retourner vers l'épave. L'orgueil aussi, ou plutôt la vanité de faire partie du spectacle. Le chœur des nouveaux venus attroupés autour de sa personne menaçait son identité de premier témoin de l'accident.

Au moment où le chauffeur s'approchait de la Buick, une plainte se fit entendre à distance, un long cri inhumain ou semi-humain, modulé comme le son d'une voix humaine mixée avec un autre organe de nature animale, un trissement de chien blessé, un cri de sorcellerie. Près de cinq minutes s'étaient écoulées depuis l'accident. Les cris recommencèrent, on aurait dit qu'un chiot et un enfant ou plusieurs chiens et plusieurs enfants se trouvaient enfermés dans la même niche.

Un des témoins qui s'était présenté comme infirmier vint se coller avec Rambo contre la vitre arrière. À l'intérieur de l'habitacle, sous l'effet du choc, la banquette avant avait reculé et basculé vers l'arrière. La joue chromée du dossier en skaï bleu s'appuyait sur plusieurs valises de couleur blanche. Le chauffeur observa des giclées sombres et des dégouli-nades qui étoilaient le revêtement de vinyle. Les serrures d'une sorte de glacière qui se révéla un vanity-case de grande taille laissaient échapper des flacons, des pinceaux et une masse blonde que les deux hommes prirent d'abord pour les cheveux d'une des victimes mais qui s'avéra être une des sept perruques de femme retrouvées dans le véhicule lors de l'inventaire des services de la morgue (inventaire repris en pièce justificative lors du dernier procès Brody en 1971).

L'homme qui était venu au secours de Rambo s'appelait Lev Dovator. Juif d'origine ukrainienne immigré aux États-Unis dans les années 50, il avait servi comme ambulancier dans l'Armée rouge durant la Seconde Guerre mondiale. Il devait expliquer plus tard à la LSP (Louisiana State Police) que c'était lui, riche de son expérience communiste, qui avait débloqué la portière avec l'aide du chauffeur. On imagine la réaction d'un policier sudiste à l'évocation de pareils états de service. Aussitôt la porte décoincée, un petit animal qui ressemblait à un fennec ou à une crossope se faufila entre les deux hommes avant de s'évader sur la route en traînant du train arrière. Il s'agissait de Popsicle, un chihuahua mâle de trois ans et demi. Cette bête de moins de un kilo était un des chiens les plus photographiés au monde avec

Rintintin, jusqu'à ce matin du 29 juin 1967, où il disparut des écrans en même temps que sa maîtresse, affolé par la violence du choc et la compression des bagages. A-t-il filé à travers les jambes des témoins pour se réfugier dans un marigot voisin, au risque de finir dans le nid d'un saurien ? Popsicle est le nom d'une gourmandise, un bâtonnet glacé, lancé en 1925 par Unilever et adapté en France par Gervais sous le nom d'Esquimau.

Dans un film de la police tourné après la désincarcération, on aperçoit bien une petite bête tremblante et souillée de sang qu'une main de flic enfourne à l'arrière d'une voiture. Mais au vu de la silhouette vraiment chétive (600 g à l'estime) il ne peut s'agir du doyen de la troupe canine qui entourait la morte. Car ils étaient quatre chihuahuas dans la Buick à l'heure du crash ; quatre, et non quarante comme l'annonce sans hésitation *Paris-Match*, le 6 juillet 1967, légende tirée d'une mauvaise traduction d'un article italien paru le mois précédent où il était question des animaux de la ménagerie du Palais Rose. Deux sont morts et deux ont survécu. Un couple appartenait à une escouade ancienne datant du début des années 60 : il s'agit de Popsicle et de Momsicle (un autre genre d'Esquimau, un gadget de baby-boomer lancé à la fin des années 50 : une tétine glacée contenant du lait humain). Momsicle a péri dans les bras de sa maîtresse, c'est sa dépouille qui repose sous l'huis de la portière, au milieu des fragments de matière cervicale, sur les célèbres photos reproduites par Kenneth Anger dans l'édition américaine de *Hollywood Babylon*.

Les deux autres chiens embarqués avaient été achetés chez un éleveur en Grande-Bretagne par Sam Brody, l'amant de la morte, lors du crépusculaire voyage européen de mars-avril 1967. Dans les papiers de la succession, on trouve une lettre de doléances envoyée du Surrey par Mrs. Hillary Harmer, l'éleveuse, qui n'avait jamais été payée. D'après ce que l'on sait des habitudes de la maison à l'époque de l'accident, la morte aimait avoir deux ou trois chiens en permanence dans son giron. Ces petites présences tièdes collées contre son sein la rassuraient mieux que le whisky, le champagne américain, le LSD et les cachets bleu et blanc de Dexedrine contre les menaces occultes ou réelles qui la cernaient. Il est vraisemblable que le chétif chien sanglant qui figure sur le film soit un des deux chiots anglais, tombé sous le tableau de bord et libéré au moment de la désincarcération. La femelle avait pour nom Princess Jewel ; le mâle, Emerald. Fin avril, Princess Jewel avait déjà été victime d'un accident. Elle était tombée des genoux de sa maîtresse lorsqu'un gendarme avait pénétré dans le dressing d'une chambre d'hôtel de Wiesbaden. Une patte cassée avait nécessité la pose d'un mini-plâtre.

L'évasion du premier chihuahua précéda immédiatement la découverte des enfants. Rambo et Dovator aperçurent une tête de garçonnet qui émergeait entre les bagages en gémissant : Miklos, surnommé Mickey Jr., le deuxième des cinq enfants de l'actrice, aujourd'hui fleuriste à Hollywood. Il souffrait d'une fracture au bras droit. Dovator dégagea facilement son petit frère Zoltan, un enfant d'environ sept ans, bizarrement coiffé, dont le crâne portait les cicatrices de blessures récentes. Il ne s'agissait pas des suites du crash mais des morsures d'un lion qui avait attaqué le garçonnet quelques mois plus tôt, lors d'une exhibition dans un zoo de la San Fernando Valley. Zoltan resta silencieux quand l'homme le prit dans ses bras. Aussitôt son frère sorti d'affaire, Miklos s'écria : « My sister, my sister ! » Sous une valise, Rambo découvrit le corps allongé d'une fillette brune d'environ trois ans, Mariska, dite Maria. À peine l'homme la toucha-t-il qu'elle hurla. Sa tête était prise entre le montant de la portière droite et le dossier du siège avant. Dovator dut prêter la main au sauvetage. La petite souffrait de sévères coupures à la face qui nécessitèrent une intervention de chirurgie réparatrice. Mariska Hargitay est la seule de la fratrie à avoir accompli une vraie carrière. Élue Miss Beverly Hills en 1982, elle interprète depuis des années le rôle de Olivia Benson dans la série *New York Unité spéciale*. Certaines mauvaises langues prétendirent à l'époque qu'elle était le fruit d'une liaison de l'accidentée avec un artiste de cabaret brésilien nommé Nelson Sardelli.

Les deux sauveteurs improvisés portèrent les enfants jusqu'au *station wagon* des Dovator. Mrs. Dovator reconnut le visage couturé du plus jeune des deux garçons. Il avait fait la une de la presse à sensation quelques mois plus tôt, après l'accident du zoo. Dans son trouble elle n'arriva pas à mettre un nom sur la personnalité hollywoodienne à laquelle cet enfant la faisait penser. Les trois se ressemblaient beaucoup, même visage mat aux méplats marqués, même nez court, même bouche très ourlée. Mrs. Dovator n'avait pas eu le temps d'apercevoir le chihuahua galoper sur le bitume, sinon elle aurait peut-être retrouvé le nom qu'elle cherchait. La maman que Zoltan réclamait n'avait-elle pas été élue Miss Queen of the Chihuahua Show deux années consécutives, en 1952 et 1953 ?

Les enfants puaient le whisky. Une bouteille avait dû éclater dans l'habitacle au moment de l'impact. Ironie sinistre, un des jouets tombés de la voiture pendant l'extraction était un tableau de bord automobile muni d'un volant, d'un petit pare-brise et d'un compteur de vitesse. Rambo le rapporta pour la petite, ainsi qu'un robot. Pris de superstition, ils avaient renfourné d'autres objets, dont la fameuse perruque blonde, dans l'habitacle. Lorsqu'il aperçut le tableau de bord, l'enfant couturé recula et se mit à pleurer en appelant sa mère. Ce cadeau de Noël 1966 trône sur les genoux du petit Zoltan dans un cliché de presse. Sur cette image de bonheur familial, l'actrice, marquée par la fatigue, ressemble à l'acteur travesti

Harris Glenn Milstead qui devait la parodier quelques années plus tard dans les films de John Waters sous le nom de guerre de Divine.

Les Dovator consultaient l'assistance pour décider s'ils devaient conduire les enfants à l'hôpital ou bien attendre les secours, quand une dépanneuse rouge et blanc peinte à l'enseigne d'un garage de Slidell (LA) fit son apparition dans la glace de forme ovale qui trouait la porte arrière du *station wagon*. Elle fut bientôt suivie d'un second camion-grue à module biflèche de type Holmes, une dépanneuse lourde conçue pour les camions. En 1967, en Louisiane, les secours n'étaient pas organisés comme aujourd'hui. Le numéro d'urgence sonnait sur plusieurs postes et il était courant que les forces arrivent dans le désordre. Si le garagiste répondait en premier et s'il n'était pas encore trop saoul, il se chargeait de répartir l'appel du 911. Les dépanneurs pouvaient précéder les ambulanciers, les pompiers ou les policiers. Chacun connaissait sa mission et son ordre d'entrée en scène. La présence de deux camions de dépannage est nécessaire au processus de désincarcération. Une dépanneuse tire la Buick par l'arrière pendant que la grue treuille la remorque afin de désenclaver la ferraille. Surnommé le hachoir à viande par les professionnels, ce processus réclame évidemment que toutes les victimes vivantes aient été évacuées par les secours *avant* la désincarcération. En attendant l'arrivée des secours, les dépanneuses se garèrent devant le camion de Rambo.

En décembre 1964, grâce aux efforts de son patron, le colonel Thomas Burbank, la LSP s'était vu offrir une nouvelle flottille de véhicules modernes destinée à redonner du cachet à la maison. Pour tout dire, les vieilles Chevrolet Biscayne datant de 1957, avec leur double optique avant et leurs ailerons arrière, n'avaient pas toutes été revendues aux ferrailleurs comme elles le méritaient, et l'ensemble du parc avait profité d'un nouvel aménagement de phares d'alerte lumineux d'un bleu intense, plus tonique, ainsi que d'une peinture de carrosserie rénovée dans une bichromie bleu et blanc, plus élégante. Sur les clichés de la nuit du drame, on aperçoit deux modèles de voitures de patrouille utilisées couramment à l'époque dans les États du Sud : une Dodge Polara et une Ford Galaxy. La présence d'une quinzaine de policiers en uniforme autour du site indique qu'au moins quatre véhicules de police assourdirent les assistants de leurs sirènes d'alarme en déboulant des Rigolets. Ils arrivaient du comté de Slidell par la bretelle 190. L'échangeur se situait avant le pont, au niveau de l'ancien restaurant-poste à essence The White Kitchen (détruit en 1986), où la Buick s'était arrêtée sept minutes avant l'accident pour permettre à la principale passagère, élue Gas Station Queen en 1952, de se rendre aux toilettes. L'accident s'étant produit à deux heures trente-cinq du matin et les secours ayant été prévenus vers trois heures moins cinq, l'équipe de nuit envahit les lieux entre trois heures et quart et trois heures vingt-cinq. Certains renforts arrivèrent plus tard de La Nouvelle-Orléans : des responsables de la police scientifique accompagnés du substitut du coroner. Au pic de la soirée (au moment de la désincarcération de la passagère) ils n'étaient pas moins d'une trentaine d'hommes à s'activer. Une fois divulgué le nom de scène de Vera Jane Ottaviano ou Vera Jane Hargitay, selon les papiers que la police trouva dans son grand sac blanc verni, leur nombre s'éleva encore davantage.

« *I believe in flashy entrances* [1] », avait-elle affirmé à ses débuts, en 1956, à Louella Parsons, la commère du *Los Angeles Examiner*. Fidèle à sa stratégie du crescendo, elle sut soutirer au diable la sortie la plus spectaculaire des années bitume, douze ans après James Dean. Ensuite, jusqu'aux princesses sanglantes (Grace et Diana), on ne parlerait plus que d'overdoses ou de meurtres.

---

1. « Je crois aux entrées flamboyantes. »

2

Elle avait choisi le rose, le bleu fut sa dernière couleur. Bleu gazeux des gyrophares qui éclairaient par flashes toute la scénographie de l'accident ; bleu réglementaire des uniformes ; bleu métal de la Buick ; bleu lagon des garnitures intérieures. Bleu pâle, d'un azur tempétueux, d'une minirobe Barbie à col froncé cordon, boutonnage tissus et manches sequins en broderie lacée, qu'elle portait jambes nues sur une paire de bottes cosmonaute à fermeture Éclair latérale en simili-agneau laqué bleu outremer. Bleu des ecchymoses qui étoilaient son corps depuis sa rencontre avec Samuel Brody, moins d'un an plus tôt, en septembre 1966.

Éteint par la froideur de toutes ces nuances de bleu, le sang humain se révèle à leur contact d'une teinte oxydée, terreuse, sinistre.

Après quelques minutes d'investigation, un urgentiste ressortit de la Buick la blouse tachée comme s'il s'était vautré sur le sol d'un laboratoire de boucherie. Il annonça au chef de patrouille que la voiture contenait encore trois passagers adultes, deux hommes et une femme ; tous décédés. Visiblement affaibli par la posture qu'il avait dû prendre pour examiner les corps, il retira sa lampe frontale et alla s'asseoir à l'arrière sur le *jump seat* en skaï bleu d'une des ambulances Cadillac qui attendaient en épi devant le cordon sanitaire et la foule amassée. Il remarqua que le brancard embarqué avait disparu. Une équipe de trois secouristes passa à sa hauteur, ils tenaient à la main le matériel nécessaire à l'ouverture des portières bloquées, ventouses et *rescue bars,* un genre de pied-de-biche effilé de marque Holmes spécialement adapté aux jointures serrées de l'huisserie automobile.

Entre-temps, la police avait commencé son enquête. Richard Rambo avait donné une explication de l'accident. Le service des plaques avait livré le nom du propriétaire de la Buick. Les premiers éléments réunis avant que les dépanneuses n'attaquent leur travail laissaient donc penser qu'un véhicule appartenant à Mrs. Gustave Stevens, domiciliée à Biloxi (MI), était arrivé à très grande vitesse, vraisemblablement bien au-dessus de la limite de 65 mph qu'une loi fédérale imposait depuis 1962 sur les routes à quatre voies. Il n'avait pu éviter, peut-être à cause d'un défaut de visibilité dû au nuage d'insecticide, de percuter l'arrière du semi-remorque roulant à une allure très ralentie, conduit par Mr. Richard Rambo, domicilié à Pensacola (FA). Restait à établir l'identité des six passagers. Les trois adultes décédés et les trois enfants survivants.

On avait oublié les enfants. Au début de l'opération, ils avaient polarisé les secours mais des soins légers, donnés sur place, retardaient leur transfert au Charity Hospital de La Nouvelle-Orléans. À l'initiative du médecin urgentiste, il avait été décidé de ne pas les séparer car ils étaient tous conscients et réclamaient leur mère. On attendait un camion ambulance. Comme toutes les coordinations, les soins d'urgence connaissent des temps morts. Le chef de patrouille rejoignit la petite troupe, non sans avoir donné au préalable aux dépanneurs le signal de la désincarcération. Le personnel de secours avait allongé Miklos,

Zoltan et Mariska sur trois brancards embarqués, non loin de la voiture des Dovator, à l'avant de la scène de l'accident. Une femme blonde les réconfortait et les faisait parler pour entretenir leur vigilance. Leur mère avait désormais un nom. Lorsque les policiers parvinrent jusqu'à eux, il circulait dans la foule.

La notoriété hors de toute mesure de ce nom créa l'émoi. L'affaire prenait une importance nationale. Les autorités allaient se manifester très vite et les journalistes aussi. Rien de pire qu'un stress de ce genre dans des moments pareils. En tant que shérif depuis vingt ans, le chef de patrouille connaissait ses hommes et leur fragilité, il se méfiait de la presse. Sans parler des officiels, des parents des victimes et des studios de cinéma. Pour obtenir des dommages et intérêts, les avocats allaient chercher des responsables. La moindre faute serait exagérée. Il chercha ses subordonnés des yeux pour les mettre en garde mais ils avaient disparu, soudain très occupés. Eux qui traînaient leurs bottes depuis qu'il les avait sortis du sommeil avaient retrouvé tous leurs moyens. Il savait pourquoi, il n'avait même pas besoin de se retourner. Les policiers de la LSP étaient les seules personnes autorisées avec les secouristes à assister de près à la désincarcération des corps. Tous ressentaient une attraction irrépressible à l'idée d'apercevoir la dépouille mortelle d'une *movie star* qui monnayait pour pas moins de 35 000 $ la semaine (sept fois leur salaire annuel) sa nudité dans des cabarets de Las Vegas et des soirées de gala où ils n'entreraient jamais. Tous, même les jeunes *nighthawks* du Klan, même les plus puritains d'entre ces fils du Sud, pour qui George Wallace, candidat ségrégationniste aux primaires démocrates, faisait figure de personnage douteux... Après tout, c'était humain.

Le chef de patrouille resta un long moment avec la petite Mariska. Le traumatisme la laissait silencieuse, seuls ses yeux lâchaient une flamme que l'atrocité du réveil rendait encore plus pure. L'un, le gauche, avait du mal à surmonter une pommette tuméfiée mais il n'en brillait que davantage. Un énorme bandage frontal donnait à l'enfant l'allure d'une figurante du *Docteur Jivago*. Il lui sourit mais elle resta sérieuse, pleine de cette gravité qu'une souffrance brutale et l'instinct d'une autre à venir pire encore infligent aux âmes encore capables d'affronter l'invisible.

Le chef de patrouille entendit le bruit de la poulie et les grincements de l'échafaud de métal qui résistait à la manivelle à cliquet. Il sut que le supplice commençait. Il ramassa un robot en plastique tombé au sol, l'essuya sur sa chemise et le tendit à l'enfant, qui le rejeta loin d'elle avec une force qui laissait présager son caractère.

Lorsque la poulie du camion-grue commença à cliqueter au-dessus de la benne et que la chaîne se tendit sous la charge de quarante-sept tonnes de fonte et d'acier, un public d'une vingtaine d'hommes s'était rassemblé sur le remblai. De loin, on aurait dit un groupe de policiers en train d'accomplir une mission pénible. À y regarder de plus près, par exemple du point de vue de la Buick ou de sa passagère, on pouvait affirmer qu'ils attendaient le dernier spectacle de celle que le prospectus de la boîte à strip-tease, médiocre mais bourgeoise, où elle s'était produite moins de trois heures plus tôt, présentait comme « *the*

one and only most publicized sex queen in person :
Mrs. JAYNE MANSFIELD [1] *!!! »*

D'abord solidaire de la remorque, la Buick s'en arracha soudain et retomba lourdement sur ses essieux avant dont les amortisseurs disloqués ne répondaient plus. Le déchirement du toit lors de l'impact avait mis à nu les places avant. On aperçut bien quelque chose mais ce fut bref. À l'instant les dos des secouristes dressèrent un rempart blanc devant l'habitacle, avant que les assistants du second rang n'aient pu détailler la forme sanglante en minirobe déchirée qui semblait jetée par le bourreau sur un chevalet de plastique bleu. Sous la pression conjuguée des *rescue bars* et d'une grosse ventouse, la portière avant droite s'ouvrit en gémissant. Quatre hommes s'emparèrent du corps et le déposèrent sur le sol, dessinant dans les torches des policiers une manière de descente de croix monochrome.

La familiarité d'une dépouille humaine avec la carcasse des grands mammifères, celle du porc, du mouton ou du bœuf, est à la fois incontestable et écœurante. Elle se précise

---

1. « La seule et unique, la reine du sexe la plus médiatique, en chair et en os, Mrs. JAYNE MANSFIELD !!! »

lorsque le cadavre s'est trouvé, dans la mort, amputé de certaines parties proprement humaines, en particulier du visage. Moins de deux heures plus tôt, le temps d'un film à la télévision ou d'un de ces fameux bains qu'elle aimait faire durer, cette chose qui traînait par terre, comme un quartier tombé d'un crochet, avait dansé, chanté, endossé un chèque de 9 500 $. Elle avait uriné, s'était rhabillée toute seule, avait acheté trois minibouteilles de soda et signé un autographe en sortant des toilettes du restaurant The White Kitchen, comté de Slidell (LA). Elle avait alors une voix tour à tour suave ou dure, de l'esprit, une âme, un quotient intellectuel estimé à 163 (en 1949). Elle faisait encore rêver les hommes d'une centaine de pays de par le monde et avait suscité l'émoi sur le parking du restaurant routier. Un album, que la chose portait au niveau des pattes inférieures et qui était tombé par terre au milieu des plantes grasses sauvages, des graviers, des débris et de la poussière, garantissait une partie de ces affirmations. Il semblait aussi dérisoire qu'une notice de garantie ou le mode d'emploi d'un objet industriel jeté au rebut.

En tombant, le morceau de chiffon bleu qui drapait le milieu de la chose était remonté, révélant le ventre nu. Surmontant sa terreur, un jeune policier myope s'était penché sur elle pour rétablir sa dignité, avec la douceur qu'on doit à une mère qui a perdu la raison et qui exhibe ses guenilles sous le ciel. On le voit sur une photo, ou plutôt sur la photocopie de la photocopie d'une photo, si froissée qu'elle ressemble aux papiers d'identité d'un cadavre exhumé d'un trou où il aurait séjourné des années durant. Cette photo est belle. Le jeune homme est penché vers la chose, l'ordure qui traîne par terre entre ses bottes, et il la regarde avec la curiosité d'un enfant et le respect infini qu'on doit aux morts.

À mesure que l'œil s'accoutumait à la présence de la dépouille, il était possible de scruter ce qui faisait horreur au premier coup d'œil : la tête. Une oreille intacte, d'assez ferme proportion, avec un lobe charnu et arrondi, se détachait comme un promontoire sur une zone meurtrie de lésions osseuses si profondes et si définitives que les formes ordi-naires de la personne humaine auxquelles nous a habitués le visage de notre mère penchée sur notre berceau ne pouvaient plus servir de guide à la vision. Au moment de l'impact contre le soc de fonte qui formait la partie inférieure du semi-remorque, le sommet de la boîte crânienne, la couronne, avait éclaté à deux centimètres au-dessus de l'arcade sourcilière, répandant la matière cervicale un peu partout. L'avancée brutale du châssis, ferraille souillée de graisses chaudes et armée de mutiples angles vifs que la victime avait dû supporter tête renversée contre le siège, avait supplicié ce qui restait du visage, y accomplissant un dur travail de labour. Les joues, le nez, les lèvres, la majeure partie de la dentition n'avaient pas résisté. La grande perruque blonde à mèche latérale s'était déchiquetée en plusieurs lamelles. Le débris le plus important flottait dans la nuit, accroché à l'un des montants du pare-brise que la désincarcération avait redressé vers le ciel. C'est ce lambeau blond pâle, pris de loin pour des cheveux, qu'on aperçoit sur certaines photos de presse, qui allait créer le mythe de la décapitation.

Une fois le corps déposé, on s'aperçut qu'il fallait l'écarter pour laisser la place à un autre. À la demande du chef de patrouille, trois jeunes policiers se chargèrent de la besogne. Habitués à cette nouvelle compagnie, ils commençaient à se l'approprier à l'aide des mots d'esprit traditionnels que le métier de croque-mort inspire lorsqu'il est exercé en amateur. Leurs mains manquaient d'adhérence à cause du sang qui poissait les quatre membres. Le poids du corps les étonna tous. Cette *pin-up girl,* qu'ils n'avaient jamais vue que sur le papier des journaux sexy tapissant la salle de cantine des bureaux de police de Slidell, était aussi lourde qu'une demi-vache. Fracassé au milieu de l'humérus, le bras droit de la victime se tordit en un angle absurde et il fallut le remettre dans une position correcte qui évoquait celle du garde-à-vous.

Signalé dans le certificat de décès, ce type de fracture se retrouve chez toutes les victimes d'accidents routiers qui ont tenté de sauver leur tête ou de protéger leurs yeux dans un réflexe ultime.

Trois ou quatre photos furent prises avec un bloc Polaroïd. Cette nouveauté technique avait fait son apparition dans la trousse réglementaire du service circulation depuis les réformes de 1964. Le caractère monotype de chaque cliché et le prix élevé des recharges expliquent le peu d'images du cadavre. Les plus connues, celles qui firent la une des quotidiens, celles qu'on voit dans *Life*, dans *Paris-Match* ou dans *Hollywood Babylon*, sont des tirages argentiques de photographies de presse, toutes prises après la séparation complète de la Buick et du poids lourd. Il s'agit de vues lointaines, parfois recadrées pour épargner aux lecteurs la vision des corps. Sur les tirages en plein cadre, le cadavre de Jayne Mansfield se trouve à l'avant-plan, en grande partie voilé sous un drap mortuaire de couleur blanche. Seule chair visible : une jambe à demi débottée (fermeture Éclair latérale ouverte ou déchirée) et le bras gauche lacéré auquel ont été retirés les bijoux – un bracelet à médailles et un collier de perles arraché au moment de l'impact qu'on aperçoit sur les clichés de police accroché à l'épaule droite. Ces bijoux, ainsi que l'argent liquide trouvé dans le sac de Jayne Mansfield, feront l'objet d'une âpre procédure de la part de Beverly Brody, l'épouse infirme de Samuel Brody qui récupérera soixante pour cent de leur valeur en 1971. On distingue à l'arrière-plan le cadavre de Sam Brody gisant le long du bas de caisse de la Buick, à la place qu'occupait auparavant le corps de Jayne Mansfield.

Brody est reconnaissable à son plâtre fémoral, suite de l'accident de Maserati survenu le 22 juin, qui l'avait empêché de conduire la voiture ce soir-là.

La fameuse photo du chihuahua mort, reproduite après la vue générale, en pages 294-295 de l'édition américaine de *Hollywood Babylon*, appartient à la première série. Il ne s'agit pas de l'agrandissement d'un cliché de presse, mais d'une image de police authentique. Elle n'a pas été prise sous le même angle que la photo d'ensemble mais d'un point de vue latéral, face à la portière avant gauche ouverte. Quatre rigoles de sang dégoulinant le long des garnitures de bas de pavillon proviennent d'une importante projection hémorragique située en haut de la porte, exactement sous le fragment de perruque, à l'endroit où la tête de la passagère a été projetée au moment du crash. On aperçoit encore ces souillures nourries d'un sang épais, presque noir, sur des photos en couleurs de l'épave prises dans un garage de Slidell au lendemain de l'accident. Certains témoins affirmeront les avoir vues, desséchées et oxydées par le temps, lorsque la voiture sera exhibée dans des fêtes foraines. Sans doute les avait-on vernies pour les conserver. La Buick appartenait, au début des années 70, à un forain qui avait constitué dans une baraque un cabinet de curiosités sous l'enseigne pompeuse de *Tragedy in US History Museum* (Tragédie au musée de l'histoire américaine). Elle passa ensuite entre les mains d'un collectionneur (John Mayers). Puis elle disparut.

La dépouille de Momsicle, la femelle chihuahua, s'impose au centre de la photo. Une précaution de la police vis-à-vis de la famille, des assurances et des éventuelles procédures à venir. L'image veut prouver que la chienne était bien morte au moment de l'accident et qu'elle ne s'est pas perdue par suite d'une négligence des secours. Bien visible derrière le chien, la présence de débris de matière cervicale humaine sur l'asphalte, certainement tombés du corps de Jayne Mansfield au moment son extraction, indique que le cliché a été pris immédiatement après la désincarcération et avant l'arrivée du personnel de la morgue. D'autres objets appartenant à la passagère sont identifiables : deux bouteilles de whisky Johnnie Walker dont l'une seulement est entamée, et un fragment de perruque sur quoi est épinglée une faveur de satin blanc en forme de nœud plat. Cette faveur fait l'objet du dernier courrier envoyé par l'actrice de son vivant, alors qu'elle quittait l'Edgewater Gulf Hotel de Biloxi deux heures plus tôt. Il s'agit d'une lettre à son amie et future biographe May Mann, un document reproduit par la destinataire dans son livre, *Jayne Mansfield, A Biography*.

La rumeur de la décapitation se répandit parmi ceux qui n'avaient pas pu approcher du cadavre. Il y eut des témoins pour affirmer qu'ils avaient vu la tête séparée du corps, accrochée au pare-brise comme un trophée mélanésien. Les démentis ultérieurs exprimés par la famille ou le personnel chargé d'embaumer les dépouilles n'y feront rien. Dans un documentaire réalisé à la fin des années 80, le thanatopracteur interviewé, Jim Roberts, insiste même de façon complaisante sur le bon état du cadavre. L'œil du spectateur est distrait par la prise de vue. Un objectif grand-angle met en valeur les lustres du funérarium et le personnage de Jim Roberts n'est pas sans évoquer *La Nuit des morts vivants*. Sa voix lourde certifiant à plusieurs reprises « *She was full intact* [1] » fait redouter qu'on ait trouvé à la morgue de Slidell quelque usage détourné à la cervelle.

Sur une deuxième photo de l'épave, prise de front en légère plongée, sans doute du plateau d'une des dépanneuses, on distingue le débris de postiche accroché au montant du pare-brise. Cette disposition pourrait laisser soupçonner une mise en scène, mais la coulée de sang sur la portière (visible sur les clichés latéraux) témoigne que la tête projetée en avant au moment du choc s'est brisée à ce niveau-là, c'est-à-dire à quelques centimètres en retrait du rétroviseur. Il est probable qu'au moment où la dépanneuse légère a tracté en arrière la Buick, pendant que la grue surélevait les quarante-sept tonnes de la remorque, le montant chromé pris dans la ferraille se soit redressé, entraînant avec lui le postiche sanglant comme une algue sur un harpon.

À la suite d'un défaut de coordination, l'ambulance destinée aux enfants restait immobile derrière la scène de l'accident alors que les brancards se trouvaient à l'avant. Il

---

1. « Elle était absolument intacte. »

aurait été simple de la laisser passer dans le couloir de sécurité que la police avait ménagé pour les véhicules qui circulaient vers l'ouest, en direction de La Nouvelle-Orléans. Il suffisait d'attendre que la dépanneuse à double flèche dégage la voie après la désincarcération complète de la Buick. Mais l'état de la petite Mariska, qui continuait de perdre du sang, obligea les secouristes à faufiler les brancards non loin des corps. C'est à ce moment que Miklos, dix ans, l'aîné des fils, aperçut le corps de sa mère allongé sur l'asphalte : « *J'ai vu ma mère allongée sur le sol. Un drap ou un morceau de tissu recouvrait l'emplacement de sa tête. J'ai demandé à l'infirmière si maman était gravement blessée. L'infirmière m'a répondu qu'on l'avait transportée à l'hôpital. Je savais qu'on me mentait car j'avais reconnu les bottes de maman qui dépassaient du drap. À ce moment j'ai voulu regarder la voiture, mais des mains se sont posées devant mes yeux*[1]. » Le témoignage a été recueilli par Linda Murdick, la femme de ménage, auprès du petit Miklos, lors du retour des enfants au Palais Rose du 10100 Sunset

---

1. May Mann : *Jayne Mansfield, A Biography*, New York, 1973, p. 274.

Blvd le 13 juillet. Ce qui le rend suspect, c'est que le garçonnet prétend un peu plus tôt dans le récit avoir aperçu la tête de sa mère piquée sur le pare-brise, et ce au moment d'être extrait de la voiture. Chose impossible à deux égards : la Buick n'était pas désincarcérée et la tête n'existait déjà plus.

Une fois l'identité de Jayne Mansfield signalée sur les ondes de la police, il fallut environ deux heures, le temps des vérifications, pour que les agences de presse AP et UPI diffusent la nouvelle de l'accident « horrible » *(« the most dreadful thing… »)* dont avait été victime l'actrice la plus photographiée du monde avec Elizabeth Taylor. La dépêche circula sur tous les téléscripteurs des agences de presse latino-américaines, asiatiques, européennes, jusque sur les télex Tass du bloc soviétique. Les années précédentes, Jayne Mansfield, *the one and only*, réputée has been depuis 1960, s'était produite en chair et en os lors d'exhibitions, de parades, de strip-tease au Venezuela, en Bolivie, en Thaïlande, au Sud-Vietnam, aux Philippines, au Japon, au Canada, en URSS, au Danemark, en Hollande, en Angleterre, en République irlandaise, en France, en Espagne et en Italie. Quelques mois avant sa mort, elle avait visité la Chambre des lords à Londres en compagnie d'un député tory, porté un message de paix aux Indiens musqueam à Vancouver, dansé jusqu'à l'aube avec les gardes du corps du général-président Barrientos Ortuño à La Paz, perdu sa garde-robe à Wiesbaden et ses bijoux à Caracas ; elle avait provoqué des émeutes dans une dizaine d'aéroports internationaux, s'était rendue en tenue de stripteaseuse à un gala et s'était ensuite produite en tenue de ville sur des scènes de strip. Elle avait été expulsée pour conduite indécente de deux festivals de cinéma et avait dû interrompre des tournées pour cause de bagarres sanglantes avec son amant, Sam Brody, l'autre cadavre qui traînait désormais dans la poussière près du sien. Le 21 décembre 1966, elle avait même dû être expulsée de l'hôpital où son fils se trouvait entre la vie et la mort car elle avait ingéré du LSD et se baladait nue dans les couloirs. Sur les scènes du *honky-tonk circuit,* elle exhibait les ecchymoses qui tachetaient ses jambes comme un ocelot aux clients apeurés de Waco ou de Baton Rouge, pendant que ses enfants l'attendaient dans les cuisines. Les trois dernières semaines avant l'accident elle avait laissé son amant casser une Maserati sur Sunset Blvd mais porté plainte contre son mari pour le vol d'un piano à queue et d'une Bentley ; Jayne Marie, sa fille de seize ans, qui était à la fois sa confidente, sa couturière, sa trésorière, son intendante, sa pharmacienne et sa barmaid, avait caché un homme nu dans son placard avant de se réfugier, jeune ocelot tout autant tacheté d'hématomes que sa mère, au poste de police de Los Angeles West. Procès en cours... le quatorzième depuis le début de l'année 1967. Une de ses biographes compare les actions judiciaires qui s'accumulaient contre elle à des graffitis sur un wagon de métro. En désespoir de cause, elle avait choisi un amant avocat comme d'autres has been plus âgées un amant banquier ou un amant chirurgien plasticien. Et lui, l'avocat, cette cause de désespoir, se trouvait être un grand amour. Tous ces troubles faisaient l'objet de la vie quotidienne de Jayne Mansfield et de centaines d'articles de presse que Jayne Mansfield collait avec soin dans des albums. À sa mort, ils représentaient une centaine de forts volumes. Jayne Mansfield fut la première star autopromue dans la presse à scandale à une époque où les réseaux informatiques n'existaient pas. À son contact, la *yellow press*, un terme inventé pour Randolph Hearst et ses journaux à sensation, prit une autre teinte : elle devint du *pink journalism.*

Selon son secrétaire, le nombre de propositions d'interviews approchait la centaine par semaine. Les demandes en mariage « sérieuses », dont Jayne Mansfield faisait état auprès de Samuel Brody et de Jayne Marie, pouvaient atteindre le chiffre de cinq par jour. Physiquement épuisée à trente-quatre ans, n'ayant tourné que quelques navets depuis 1959, dont certains ne sortirent en salles qu'à cause de sa décapitation, diplodocus des années *dumb blonde* (1955-1958), transformée à coup de perruques-poufs en pseudo-travesti et en pionnière du kitsch new-yorkais, Jayne Mansfield avait en 1967 une réputation atroce mais un indice de notoriété hors catégorie, comparable seulement à celui de Brigitte Bardot, des Beatles ou du pape Paul VI. C'était la seule star internationale à accepter tout ce qu'on lui proposait. Une inauguration de boucherie industrielle lui rapportait 1 200 $ (plus 500 $ de viande en nature pour ses chiens et ses enfants), une parade se négociait à 2 250 $, un strip-tease accompagné de deux ou trois chansons à 9 780 $. La dégradation de son image et son effondrement déjà ancien au box-office n'avaient pas entamé sa capacité à gagner de l'argent.

Sa mort ne resterait pas longtemps une prestation gracieuse. Les avocats et les différentes familles liées aux victimes, nombre de profiteurs, journalistes ou curieux, même parmi le personnel de secours, seraient tentés de tirer parti de l'affaire. Plus vite encore que lors d'un accident ordinaire, il fallait mettre à l'abri tous les effets personnels de la victime, y compris les moins précieux. Après avoir aidé l'ambulance des enfants à se dégager du chaos des voitures en stationnement, le chef de patrouille revint vers la scène de l'accident, muni des enveloppes réglementaires destinées à recueillir bijoux et valeurs.

Les dépanneuses avaient achevé la désincarcération. À l'horizon, au-dessus des palissades pourries qui bordaient l'US 90, quelque part à l'encontre du golfe du Mexique, la planète Vénus Ishtar, bien visible depuis l'extinction du puissant faisceau électrique du Holmes, venait de se lever à l'orient suivant son orbe. Elle était poursuivie, en ce mois de juin 1967, par deux astronefs concurrents, la sonde américaine Mariner 5 et la sonde soviétique Venera 4. Il était trois heures quarante-cinq du matin, l'aube d'été commençait à blanchir, vers les bouches du Mississippi. Il y avait bientôt deux heures que Jayne Mansfield, l'autre étoile rose, l'autre Lucifer, avait rendu l'âme.

Pour éviter d'affronter une nouvelle fois le cadavre, le chef de patrouille demanda à l'un de ses deux adjoints d'aller vérifier que tous les objets précieux avaient bien été prélevés avant que le personnel hospitalier ne dirige les trois corps vers Slidell, où seraient pratiquées les constatations d'usage. Contrairement aux inquiétudes du chef de patrouille, il n'y avait qu'un homme dans le périmètre, un policier chargé de faire le relevé des positions des victimes après extraction. C'est une interprétation erronée de ce relevé qui a fait croire à plusieurs biographes que Jayne Mansfield avait été éjectée lors du crash.

L'homme posa son bloc et aida le jeune adjoint à soulever le corps pour s'assurer qu'aucun objet n'était tombé dessous. Un bruit métallique les avertit que quelque chose venait de heurter le sol en même temps que le bras fracassé qu'ils avaient omis de tenir en soulevant le buste.

Il s'agissait d'un bracelet en or, détaché au moment du choc, qui s'était pris dans les dentelles de la manche droite, encroûtées de terre et de sang. Le jeune policier dut se résoudre à maintenir le bras du cadavre enlacé au sien pour arriver à démêler les fils synthétiques. La chair de Jayne Mansfield était encore tiède, d'une température nettement plus élevée que celle de l'air, située à cette heure la plus froide de la nuit aux alentours de vingt-six degrés. La paume étroite, les doigts allongés aux articulations cloquées comme des bulbes faisaient ressembler cette main sans visage, blanche et molle, aux longues écrevisses grises que les sœurs d'Atala, les Indiennes natchez du Meschacebé, offraient tour à tour aux égarés et aux esprits des morts sur des feuilles de nénuphar. Marbré d'ecchymoses, fendu à plusieurs endroit par les éclats du pare-brise, le bras de Jayne Mansfield devait avoir rendu tout son sang. Les lèvres blanches des blessures semblaient autant de bouches silencieuses incapables de défendre le bijou, que le jeune homme détacha de la dentelle sanglante avec une prestesse et une douceur qui contredisaient la croix perfide du Ku Klux Klan apparue dans un pli de sa poche.

Le bijou dansa sous l'éclair de la lampe torche que le policier tenait de façon réglementaire à la verticale, le long de la face antérieure de l'avant-bras. Cette pièce de bijouterie fantaisie s'ornait de toute une ribambelle de pendeloques et de grigris. Sur une ultime photographie de Jayne Mansfield prise lors de son dernier spectacle, quelques heures avant sa mort, on aperçoit le bijou. Il cercle son bras droit dressé en parade au-dessus du postiche, alors qu'elle est en train d'interpréter une des trois chansons à son répertoire ce jour-là : *Strangers in the Night, Promise Her Anything* et *Embrace Me*. Des photos antérieures, datant toutes du printemps 1967, laissent apparaître le même bijou, mais porté au bras gauche. Sur l'une de ces images, où Jayne Mansfield est chaussée des mêmes bottes bleues que la nuit de l'accident, on aperçoit nettement le motif d'une des plus grosses médailles, d'un diamètre de quelque deux centimètres. Il s'agit d'une figure de bélier, travaillée au repoussé et représentée en *rencontre* (de face) suivant la symbolique courante de l'astrologie. Les yeux du Bélier, signe de naissance de Jayne Mansfield, sont ornés de deux brillants. Une autre piécette, plus petite, porte un motif de contorniate. Il est identifiable à la loupe : il s'agit d'une étoile à cinq branches doublement cerclée, figure d'envoûtement que la tradition désigne du nom de *pentacle*.

Une chaînette relie toutes les pendeloques et forme le corps principal de l'objet. Elle est composée de chaînons d'environ un centimètre de diamètre. Chacun d'entre eux recèle, à l'intérieur du cercle d'attache en forme d'agrafe ronde, une petite figure, toujours identique, qui pourrait ressembler à une astérie maladroite ou à une de ces larves laidement anthropomorphes qui encombrent les démonologies d'Asie centrale.

Ce bracelet n'est pas cité dans l'inventaire des bijoux de l'actrice qui apparut en pièce jointe du procès intenté aux héritiers Mansfield-Hargitay-Ottaviano par Beverly Brody. Il est probable, au vu des motifs ornementaux, qu'il s'agit, au moins en partie, d'une amulette offerte à l'actrice par un de ses admirateurs des derniers temps, le mage Anton Szandor LaVey, fondateur en 1966 d'une secte luciférienne : *The Church of Satan.*

3

Le 20 octobre 1966, deux cent cinquante jours avant de rendre l'âme, Jayne Mansfield participait au San Francisco International Film Festival, une manifestation destinée à intéresser les Américains aux films étrangers et aux productions indépendantes.

Depuis la fin des années 50, avec le succès de la télévision et l'échec du cinéma en relief, la fréquentation des salles marquait un recul important. Le public populaire avait trouvé un nouvel opium et les exploitants cherchaient désormais à s'attacher la clientèle des classes moyennes et celle des étudiants. La première édition du SFIFF avait eu lieu en 1957, un an après le rachat symbolique de la RKO de Howard Hughes par des studios de télévision. Devançant la décadence de sa vieille rivale, Los Angeles, la chambre de commerce de San

Francisco, les propriétaires de cinémas et les étudiants de Berkeley contribuaient à soutenir ce festival imité de celui de Cannes. Il s'agissait de promouvoir des films progressistes, plus « artistiques », réservés à un public capable de dépenser 3,50 $ sans craindre de s'ennuyer. Ce fut sur les écrans géants de vieux cinémas *stucco* datant de l'âge d'or comme le Metro, le Castro ou le Balboa, que la côte ouest allait découvrir les premières *œuvres* des jeunes *auteurs* new-yorkais John Cassavetes, Brian De Palma ou Martin Scorsese. C'est aussi par le biais du SFIFF que certains réalisateurs européens comme Roman Polanski ou Milos Forman allaient tenter une percée en direction du nouvel Hollywood, dans le sillage de Michelangelo Antonioni ou de Akira Kurosawa. Parmi eux, un seul fan de Frank Tashlin (donc de Jayne Mansfield) : Jean-Luc Godard. Le cinéaste suisse ne sera sélectionné qu'en 1972 pour *Tout va bien* avec Jane Fonda. Les archives du SFIFF font état de sa présence dès 1967, mais il s'agit d'une confusion avec la Française Agnès Varda.

En 1966, la pin-up invitée de la soirée d'inauguration n'était pas Jayne Mansfield, mais une autre actrice blonde en moins mauvaise posture : Carroll Baker, ex-Actors Studio, ex-*Baby Doll* d'Elia Kazan, ex-star Paramount, rescapée de *Harlow*, le désastre financier de la MGM en 1965. Née en 1931, Baker avait deux ans de plus que Mansfield, elle était infiniment moins célèbre mais sa cote au box-office restait décente. Une photo, tirée des archives du festival, montre l'héroïne de Tennessee Williams retrouvant le bras de son protecteur des débuts, Jack Warner. Preuve qu'à trente-cinq ans elle croyait encore rebondir et que les grands studios vivaient mal la fin du star-system. L'année suivante, Jack Warner, soixante-treize ans, allait quitter la présidence de sa société suite à l'échec de la comédie musicale arthurienne *Camelot*. Quant à Carroll Baker, en procès avec la Paramount, exilée en Italie pour tourner des pulps giallo comme *The Sweet Body of Deborah* (1968), il lui faudrait attendre le cinéaste underground new-yorkais Paul Morrissey et *Bad* (1976) pour retourner aux États-Unis.

Le gala avait débuté vers vingt heures trente dans la salle du Masonic Auditorium avec la projection d'un péplum parodique : *A Funny Thing Happened on the Way to the Forum* (titre français : *Le Forum en folie*). Il s'agissait d'une comédie musicale à succès inspirée par le théâtre antique. Cette version Broadway de la comédie latine (on y trouve même le personnage plautinien du « Miles Gloriosus », un ancien combattant vantard) était donnée dans une mise en scène du cinéaste européen Richard Lester, à peine sorti de *Help !*, le dernier film des Beatles. Le héros de l'histoire, un esclave paresseux nommé Pseudolus (titre d'une autre pièce de Plaute), permettait à Zero Mostel, l'ex-papillon communiste du Yiddish Theatre, inscrit sur la liste noire de la HUAC[1], de sortir du ghetto intellectuel où il risquait de s'enfermer après avoir incarné tour à tour sur scène à New York Leopold Bloom dans une adaption théâtrale d'*Ulysse* et le personnage d'Estragon dans le *Godot* de Samuel Beckett.

Une photographie prise pendant la soirée montre Zero Mostel en smoking. L'accroche-cœur calamistré, le fantaisiste lorgne le décolleté de l'ex-enfant star Shirley Temple, fée du festival, avant de devenir celle du protocole de la Maison Blanche sous la présidence de

---

1. *HUAC* : House Un-American Activities Committee (Commission des activités antiaméricaines, créée à l'époque du maccarthysme).

Gerald Ford puis ambassadrice au Ghana et en Yougoslavie à l'époque de George Bush père. Shirley Temple, qui avait épousé en secondes noces le roi de l'ananas en boîte, porte une robe Christian Dior à incrustations de petites perles roses. Les seins de l'ancienne héroïne de *Heidi*, futur *board manager* de la Banque de Californie, des fonds de pension Fireman et de la Walt Disney Company, ressortent flétris des baleines du *bustier-tie*. Elle annonce trente-huit ans et déjà trente-cinq de carrière. Il est notable que Temple, Baker et Mansfield, actrices aux destinées si contrastées, affichent un écart d'âge inférieur à cinq ans. La tenue de Shirley (numéro 48 de la collection dite *Pastel*, CD 1965) coûte au moins quinze fois le prix de la robe rouge semi-transparente de Carroll (couturier non identifié, USA). Elle ne souffre aucune comparaison avec le morceau de tissu que porte Jayne (Ateliers Walt Emerson, Las Vegas, robe non payée, partie d'un ensemble d'effets dont le montant fut réclamé aux héritiers en 1967).

Pourtant, sans Jayne Mansfield et ce vestiaire de music-hall extorqué à la Mort, personne ne se souviendrait d'un obscur gala de province noyé dans les chronologies sans éclat de la chute du vieil empire hollywoodien. Dans les interviews réalisées par les archives du SFIFF, le nom de Jayne Mansfield reste, après quarante ans, un des premiers cités par les organisateurs. Justice en regard de l'outrage qu'ils lui firent subir.

À vingt-deux heures quinze, une courte agitation remua la foule qui guettait les stars au carrefour de Taylor et de California St. Toutes les têtes se tournaient vers un bâtiment éclairé par des rampes lumineuses, le Masonic Temple, érigé en 1957 par un frère maçon nostalgique d'un style mussolinien modéré. Malgré sa taille, l'édifice paraissait étriqué sous les spots, une maquette plus qu'un monument, une entrée de cinéma, le portail d'un funérarium. L'éclairage détachait les ombres d'une frise en bas-relief d'Emil Norman représentant le combat du Bien contre le Mal. L'équipe du Bien, une bande de *muscle men* en pantalons d'ouvriers d'une stature d'environ deux mètres quarante, semblait vouloir donner des coups de pioche sur la tête de quiconque oserait franchir les portes. L'ordonnance néoantique de l'ensemble était dérangée par une pancarte

« *Parking Access* » dénonçant une civilisation de centre commercial.

À droite de l'accès piétons qui ouvrait sur le hall de l'auditorium se tenait une petite troupe de femmes en robes longues. L'éclairage théâtral et le tapis rouge de circonstance qui courait les dalles en pierre leur donnaient davantage de volume et de socle qu'au troupeau de méchants mal sculptés que masquait la pénombre au-dessus d'elles.

L'attention de ces femmes et de la foule s'était fixée sur une Bentley qui avait franchi le barrage de sécurité posté au coin de Taylor et de California. La grosse berline aux formes arrondies stationnait au bas des marches. Elle se refusait à rejoindre les ombres du parking. Les ailes arrière et le rebond de la malle accentuaient la plongée de la rue en pente. On aurait dit, jaillie du flot, une de ces baleines que les ancêtres des curieux amassés autour allaient éperonner au-delà de la Porte d'Or. La foule cherchait à percer le mystère du rideau tiré sur les glaces des passagers.

Au volant, un chauffeur japonais gardait la tête haute, suivant le protocole en vigueur dans sa profession. Un valet de pied, de race jaune également, redoublait le hiératisme de la pose.

Les sièges avant révélaient une sellerie de fourrure rappelant celle de l'Isotta-Fraschini du film de Billy Wilder, *Sunset Boulevard*. Du léopard des neiges, peut-être, ou de l'ocelot. Immatriculée à San Francisco, la voiture était connue de la presse locale et des organisateurs. Elle appartenait à une excentrique fortunée : Lucia Anderson Halsey.

En haut des marches, des portes ouvertes lâchèrent un brouhaha où se mêlaient les trompettes du film, les grognements de Zero Mostel et une voix plus éteinte, celle de l'ancienne star du muet, Buster Keaton, mort peu de temps après la fin du tournage. La foule poussait doucement les cordons tressés rouges à glands dorés. Un malabar de la sécurité s'approcha pour rétablir les piquets. Plusieurs autres femmes très coiffées surgirent des portes vitrées. Il s'agissait des responsables VIP. Elles rejoignaient les attachées de presse pour un briefing intermédiaire avant de se déployer derrière d'autres portes à tambour, à deux rues de là, à l'hôtel Fairmont. Plus âgées que les attachées de presse, elles portaient des permanentes courtes à la Lana Turner, communes depuis la fin des années 50 aux mères de famille de la bourgeoisie internationale. La foule voulut reconnaître Nancy Reagan, la femme du futur gouverneur, en compagnie de Shelley Winters, mais il ne s'agissait que de Florence Floyd et de Phyllis Frazier, les nouvelles responsables VIP recrutées par Claude Jarman Jr., jeune directeur du festival. Le service de presse, tout neuf lui aussi, venait de Los Angeles, un bureau indépendant coaché par une ancienne de la MGM, une nièce du célèbre restaurateur Romanoff. Les responsables VIP appartenaient à la bonne société locale. Elles étaient apparentées à quelques-unes des familles qui tenaient la ville. Florence Floyd descendait par son père d'une dynastie locale : les Obrush ; quant à Phyllis Frazier, c'était une cousine éloignée de la célèbre Brenda Frazier, photographiée par Diane Arbus en 1969. Esclave attitrée de Florence Floyd depuis le collège, elle l'éventait, telle une suivante de dame romaine, à l'aide de son bloc de listing chromé monté sur des supports chromés à agrafe-pince.

— C'est la Bentley de Lucia Anderson ou je rêve ? demanda la plus grande en regardant de biais le véhicule arrêté au bas des marches sans avoir l'air d'y prendre garde.

Les autres se rapprochèrent pour un conciliabule. La question était de savoir si Lucia Anderson Halsey appartenait ou non à la famille du célèbre général sudiste Anderson. Querelle du merle et de la merlette, on connaissait la réponse mais le débat permettait à chacune d'étaler sa science et sa maîtrise de l'*establishment*.

— Vous savez qui est dans la voiture ? La petite Romanoff vient de me le dire…

— ?

— ?

— ?

— Jayne Mansfield !

— Jayne Mansfield ! ? Mais je ne la vois pas sur la liste.

Phyllis Frazier montra son bloc à Florence Floyd.

Comme toujours dans ce type de circonstances, les listings prévus étaient surchargés de repentirs et de corrections. Les feuilles avaient été gribouillées par Pamela D., la haute main des public-relations, leur maîtresse à toutes, quoique sortie de New York et de rien. Florence, Phyllis et leurs consœurs la soupçonnaient d'être la maîtresse d'un des managers. Victime d'un cancer en 1968, la belle Pamela serait remplacée en 1969 par une jeune protégée du maire : Nancy Pelosi. (La même Nancy Pelosi sera sacrée, quarante ans après, en 2007, vingt-sixième femme la plus puissante du monde sur la liste établie par le magazine *Forbes*.)

Les registres d'invités conservés dans les archives du festival permettent de reconstituer sans trop de mal le ton de ces soirées. Quelques beaux fruits mûrs mondialement connus comme une Olivia De Havilland ou une Rita Hayworth (entre Ali Khan et Alzheimer) ; d'antiques cinéastes borgnes en jodhpurs, stick et chemise militaire de la classe de King Vidor ou de Mervyn LeRoy ; quelques managers hollywoodiens en fin de règne aux noms porteurs d'images célèbres : Jack Warner ou Walt Disney ; une foule de jeunes actrices talentueuses mais de second rang telles Faye Dunaway, Annette André, Inga Nielsen ou Jacqueline Bisset ; de jeunes ambitieux venus d'Europe tels Roman Polanski (pour *Cul-de-sac*) ou la Suédoise Mai Zetterling (pour *Night Games*) ; le réalisateur d'un film d'horreur tourné en espéranto (Leslie Stevens pour *Incubus*) ; sans oublier une délégation soviétique, une gerbe de Taiwanais, quelques casting directors, deux ou trois faux producteurs italiens, les journalistes des pages mondaines et ceux, plus rares, des pages spectacles, de jeunes *columnists* redoutés comme Herb Caen, le célèbre éditorialiste du *San Francisco Chronicle*. En revanche, les listes presse de 1966 confirmaient la sortie de scène d'une figure historique : Louella Parsons, quatre-vingt-quatre ans, exilée depuis un mois dans une maison de retraite de Santa Monica ; elle ne s'était pas remise de la perte de l'autre méchante langue hollywoodienne, Hedda Hopper, morte à quatre-vingts ans le 1er février 1966.

Ensuite venait en masse le gros des invités, les gens de qualité, la bourgeoisie locale, ceux dont les noms n'évoquent aucune image, la masse la plus emplumée, ceux qui se sentaient vraiment à la fête : les Cahill, les Russo, les French, les Haas, les Funston, les Coblentz, les Reuben, les Hills, toute une base de notables locaux, femmes d'attorney, héritiers de moulins à café, anciens trafiquants de fourrure ou d'ambre gris, propriétaires de pressings, patrons de music-hall, potentats de la construction, nababs de télévisions privées sous licence, ainsi que leurs enfants, bons à rien du baby-boom, débutantes en toilette gaufrée, jeunes lauréats bronzés en smoking de papa, tous tentés par une carrière d'acteur de cinéma. Certains servaient même de chauffeurs...

Enfin, le gala comptait aussi ses ordinaires : familles d'exploitants du Grand Ouest en bottes ferrées, VIP venus d'horizons poussiéreux en costumes de location camphrés à l'antimite, assistantes girondes tombées des bagages d'un animateur de talk-show, cousine vénale ou boudinée d'acteur connu, voleurs d'invitations, fruits pourris déguisés en pingouins ou en Barbie.

Phyllis Frazier se laissa vite décourager par un grouillement de noms étranges et de pattes de mouche. Elle décida de se passer de preuve...

— Miss Mansfield n'est pas sur la liste.

— La presse a dû l'inviter. Ils l'adorent.

— Les petites auraient pu nous prévenir.

— En tout cas, elle a deux heures de retard...

— Il paraît qu'elle sort avec Melvin Belli.

— Melvin ? Impossible, je l'ai vu monter les marches tout à l'heure avec Pat Montandon.

— Alors, pas Mel, Rick Brown, son associé.

— Mais non, voyons… pas Rick, un troisième larron, Sam Brody. Je connais sa femme, Beverly, depuis le collège… Quelle horreur, la pauvre a la sclérose en plaques ! Sam ne fait que la tromper et maintenant voilà qu'il s'exhibe avec cette actrice…

— Actrice ? Vous êtes bien bonne… J'ai pourtant lu dans l'*Examiner* que la Mansfield s'affichait avec un gigolo argentin de dix-neuf ans.

— Pas argentin, colombien ou vénézuélien. Non, c'est fini, dixit Walter Winchell…

— J'adore Caracas. Le père de mon mari possède un appartement là-bas, nous y allons souvent en villégiature.

— Cette Jayne Mansfield est impossible. J'ai interdit à mon fils d'acheter *Playboy*. Vous n'avez pas vu ses photos ?

— C'était quand ?

— L'année dernière. Quand elle a tourné ce film pornographique. Le patron de *Playboy* est allé en prison mais ils en ont vendu deux millions d'exemplaires.

— *Promises Promises ?*

— Oui, ça doit être ça. Je ne sais pas, je ne vais pas voir ce genre de chose. Je la trouve obscène. Aucun talent.

Une troisième commère, la plus méchante, la plus petite aussi, revenait d'une visite au groupe des attachées de presse, le gosier bourré d'informations.

— Je vous annonce qu'elle est bien pire maintenant qu'à l'époque des photos de *Playboy*, énorme. Elle a les seins aux genoux. Une baleine... Il paraît qu'elle a l'air ivre et que sa robe est indécente. Je crois même qu'elle s'est endormie dans la voiture.

Toujours olympienne, Florence Floyd semblait ne pas entendre :

— Tiens, je vois mon fils là-bas... Il est magnifique dans son uniforme...

— ... de chauffeur de maître. En tout cas ça vaut mieux que de se battre à Da Nang comme le mien ! Faites attention à lui, la Mansfield saute sur tout ce qui porte culotte.

En contrebas de Taylor Street, derrière le feu tricolore qui marque l'intersection avec California, était rangée une longue file d'Oldsmobile noires prêtées par la concession locale. Leur mission se réduisait à transporter les VIP à cent vingt mètres de là en bas des marches de l'hôtel Fairmont, mais la Bentley allait gêner la manœuvre. Florence

Floyd décida d'intervenir afin de laisser la place à son fils et aux vrais invités, les siens…

Elle descendit jusqu'à la voiture occupée par Jayne Mansfield et frappa d'autorité au carreau du chauffeur, qui la regarda comme une mendiante.

L'arrière de la Bentley ressemblait à une boîte à bijoux fantaisie tapissée de fourrure. Pas moins de quatre ou cinq personnes s'y entassaient. Florence Floyd crut apercevoir un authentique hippie, vêtu d'une chemise liquette de grand-père et d'un chapeau claque ancien huit reflets. Malgré la chaleur de l'été indien, l'individu portait une paire de bottes fourrées dont il essuyait les semelles sur le siège. On ne voyait pas son visage mais sa main ouverte, qui contenait des morceaux de sucre comme une soucoupe de bar.

Vue de près, la fourrure synthétique des sièges ressemblait à du puma en peluche atteint de rubéole. Au fond, en face du hippie, sur la banquette, se tenait Jayne Mansfield. Elle portait une perruque d'un blanc scintillant de décoration de Noël. Le postiche de forme centrifuge, orné au sommet d'une manière de couronne tressée en diadème, avait légèrement glissé sur le côté. L'actrice paraissait fatiguée, évanouie ou morte. Ses yeux étaient aussi ouverts que le permettaient des paupières gonflées, remplies d'eau ou de larmes. Ils regardaient fixement en direction du plafonnier de la Bentley ou du ciel qui se trouvait au-dessus. Elle avait le corps penché, appuyé sur l'épaule d'un homme petit, vêtu d'un smoking un peu grand pour lui, une tache d'alcool sur le plastron. Le visage de Jayne Mansfield, moins tanné par les ultraviolets que sur les photos, était décoloré par endroits, piqueté de dépigmentation comme des fesses d'éléphant. Son corps énorme par rapport au diamètre de son petit visage, immobile comme un serpent, ondulait vers le sol fourré et invisible de la Bentley. Elle portait une robe noire, déchirée sur les côtés... ou plutôt ouverte en bouche de tragédie. Par les ouvertures sortaient ses flancs gonflés comme des seins ou des fesses. Aussi obscènes. Une sirène des derniers temps de l'Apocalypse. Lilith. Le serpent de Laocoon. À son cou se balançait un pendentif en forme d'étoile de David ou d'étoile de sorcier. Mrs. Floyd ne put décider.

On ne voyait pas les autres. Leurs jambes seulement. L'un d'entre eux portait un de ces pantalons en toile à matelas popularisés par les chanteurs pop et les clochards divers qui commençaient à envahir les quartiers d'Upper Height et de Long Beach en cette fin d'année 1966.

L'homme au smoking ouvrit les yeux puis la bouche. Il semblait seulement vouloir respirer mais il finit par parler. Sa voix était mélodieuse et posée comme celle d'un avocat au prétoire, mais le ton sonnait vrai. Il ne s'adressait qu'à Jayne Mansfield, dont il remua la tête et la perruque avec l'épaule en même temps qu'il lui parlait, comme le fait un illusionniste ou un ventriloque avec la poupée qui lui sert de partenaire.

— *You have no choice, Baby. I'm yours for keeps. I'm for always – remember* [1] *?*

Il bougea de nouveau l'épaule et la tête de Jayne Mansfield oscilla au risque de faire tomber le postiche qui la couronnait.

— *Remember ? You'll never get rid of me like the rest of those sissies in your life* [2].

---

1. « T'as pas le choix, bébé. Je suis à toi pour de bon. Et pour toujours – tu te souviens ? »

2. « Tu te souviens ? Tu te débarrasseras pas de moi comme t'as fait avec toutes tes tapettes. »

Le terme *sissies* désignait les autres passagers mais le ton n'était pas agressif, il démentait la violence de la formule.

— *Never ! I'll never leave. And you know it*[1].

La bouche de Jayne Mansfield s'ouvrit pour répondre, comme si elle était commandée par l'homme qui tirait les ficelles.

— *You pig ! I don't need you. I don't want you anymore*[2].

Ce disant elle ne s'écarta pas, menaçant même de basculer par terre ou de faire à l'homme une caresse obscène.

Le hippie tourna la tête vers Florence Floyd et lui tendit les sucres. Sa main était sale et les sucres ressortaient très blancs, fluorescents, radioactifs, sur la paume souillée.

Florence Floyd se recula de toute sa hauteur loin de la voiture. Elle n'avait rien à dire à ces gens. Elle savait désormais qu'il lui fallait faire son possible pour les empêcher de gâcher la fête. Depuis qu'elle assistait au festival – même avant de prendre de nouvelles responsabilités,

---

1. « Jamais ! Je ne partirai jamais. Et tu le sais. »
2. « Espèce de porc ! J'ai pas besoin de toi. Je ne veux plus de toi. »

qu'elle avait acceptées par amitié pour le président de la chambre de commerce, un ami de son mari, le parrain de sa fille –, elle avait vu plus d'une star de Hollywood en mauvaise posture, ivre, droguée ou défaite. Elle savait la chanson. La caque sent toujours le hareng. Des vendeuses, des serveuses, des prostituées, des enfants d'alcooliques, des filles de rien que des producteurs avaient transformées en soi-disant *movie stars* et qui n'avaient qu'une hâte : retomber dans le caniveau d'où elles étaient sorties après avoir fait le plus de mal possible aux hommes des autres. Aujourd'hui, elle avait des responsabilités, il fallait faire un exemple. San Francisco n'était pas Los Angeles, elle n'allait pas laisser de pareilles truies dicter leur loi.

D'ici vingt minutes commencerait le véritable événement de la soirée : la traditionnelle fête d'ouverture, qui avait lieu comme chaque année dans les salons de l'hôtel Fairmont. La famille Swig, propriétaire du célèbre palace, faisait partie des nombreux bienfaiteurs qui participaient à l'organisation du festival. Florence Floyd décida de filer au Fairmont pour essayer de voir ce qu'elle pouvait faire auprès de Mel Swig, un ami de vingt ans. Sur le trottoir, au carrefour de California et de Mason, elle tomba sur Claude Jarman Jr., le nouveau patron du festival, et un certain Barnaby Cohen ou Conrad, scénariste et professeur à Berkeley, un écrivain mal fagoté à lunettes et barbe qui ressemblait à un personnage de bande dessinée. Ils avaient tous été nommés depuis deux ans par la chambre de commerce suite au départ du fondateur du festival, Bud Levin. Visiblement, ils avaient deux soucis plus importants que l'affaire Mansfield. L'un concernait Jack Warner, l'autre Shirley Temple. Un autre homme les rejoignit, que Florence Floyd connaissait bien, il était né en 1917 comme elle. Son frère et lui avaient fait partie de la même confrérie d'étudiants. Il s'agissait de David M. Sacks, patron de KGO, une chaîne de télévision locale, filiale de CBS. Il avait été nommé manager du festival pour l'année 1966.

Le budget déficitaire du SFIFF (les 130 000 $ initialement prévus avaient explosé en 1965) imposait un rapprochement avec les grands studios de Hollywood, jusque-là rétifs, pour des raisons mercantiles, à la notion même de festival. L'idée de projeter un film plusieurs semaines avant sa sortie leur était étrangère. La présence d'un Jack Warner revêtait donc une importance particulière.

Premier souci, Jack Warner était ivre. Durant le speech d'ouverture animé par le maître de cérémonie Peter Ustinov, le PDG de Warner Bros n'avait pu s'empêcher de se lancer à voix haute sur son sujet préféré, la racaille communiste, s'attirant les huées d'une partie de l'assemblée. La délégation russe s'était plainte avant le début du *Forum en folie* et avait menacé de quitter le festival.

Second souci, Shirley Temple était furieuse. Le comité de sélection du festival, dont elle faisait partie, avait profité de sa disparition aux toilettes lors d'une réunion pour faire passer un film qu'elle jugeait pornographique : *Night Games* de Mai Zetterling, une ancienne interprète du cinéaste suédois Ingmar Bergman. Dans ce film aux relents freudiens, un adolescent en érection chasse sa mère de sa chambre. Le garçonnet avait l'âge de Charles Alden Black Jr., le fils de Shirley Temple Black.

STB, candidate à l'investiture républicaine pour les sénatoriales de 1968, n'avait aucune envie de voir son nom mêlé à cette ordure.

David Sacks n'avait rien d'un gauchiste ou d'un pornographe et il était embarrassé. C'est lui qui avait donné son accord à Claude Jarman Jr. pour le film de Zetterling, histoire de montrer son pouvoir. Shirley Temple, détentrice d'un des meilleurs carnets d'adresses de l'époque, était à l'origine de la venue de Bing Crosby et donc de Walt Disney au gala. Elle avait fait tout un souk à Jarman Jr. et Cohen (ou Conrad), qu'elle soupçonnait, à cause de leurs cheveux longs, d'être à l'origine du complot *Night Games*.

Florence Floyd ne connaissait pas Tacite ni Machiavel, elle n'avait pas assisté au colloque organisé par René Girard, en ce même mois d'octobre 1966, à l'université Johns Hopkins. La vie de pension et la fréquentation des clubs de dames californiennes avaient suffi à lui donner quelques lumières en politique et l'idée lui vint naturellement d'un bouc émissaire. D'une petite voix tranquille, elle exposa brièvement le souci supplémentaire qu'apportait Jayne Mansfield.

Aucun des hommes présents sur le trottoir n'avoua l'avoir invitée. Il devait s'agir d'une initiative de dernière minute, prise dans la panique des annulations de diverses autres stars. Avec Mansfield, on était sûr d'attirer quelques télévisions ou magazines à grand tirage. De plus, le nom de l'actrice était attaché au festival de Cannes, une vraie obsession chez les organisateurs du SFIFF. Devant ces prétextes, Florence Floyd pinça le nez, l'air d'une fille de pionnier qu'on veut traîner au bordel.

Sacks saisit la perche. Prenant sa plus belle voix de directeur de télévision, il prononça le réquisitoire habituel des professionnels du spectacle contre Mansfield. Quatre ans après la mort de Marilyn Monroe, l'industrie cinématographique la jugeait déchue et vulgaire : *« a boozy punk and a pills head*[1] », juste bonne pour le circuit du *honky-tonk* et des films *nudies*. Le style *pin-up cheesecake* était obsolète, surtout pour une mère de cinq enfants portant perruque. Elle avait grossi (Florence Floyd approuva), sa conduite était notoirement immorale (Florence Floyd renchérit avec la triste histoire de Beverly Brody). Son dernier film était une impossible comédie musicale country-westen, *The Las Vegas Hillbillys*, où elle partageait la vedette avec cette nullité de

---

1. « Une pourriture alcoolo et bourrée de médocs. »

Mamie Van Doren et un chat persan teint en rose nommé Princess. Sorti le 5 mai 1966, il n'avait rencontré aucun écho critique hormis deux articles négatifs dans *Box-Office* et *Motion Picture Exhibitor*, des magazines professionnels destinés aux exploitants de salles.

Cohen (ou Conrad) annonça en ricanant dans sa barbe qu'il avait vu le prochain « chef-d'œuvre » de Jayne Mansfield au marché du film à Cannes en mai dernier. Il s'agissait des rushes collés bout à bout d'un faux documentaire que Jayne Mansfield avait tourné, saoule et enceinte, en Italie en 1963. Un *travelogue* minable et pornographique, titré *Primitive Love*. Une « ethnologue » (Jayne) s'y intéressait aux mœurs sexuelles des sauvages. Un « monument dadaïste », d'après lui... L'intellectuel du groupe fut le seul à rire de sa plaisanterie.

Au mot « pornographique », David Sacks, qui avait risqué sa place l'année précédente en engageant l'ancienne stripteaseuse Gypsy Rose Lee pour *Gypsy*, un talk-show sur KGO, prit la décision d'exclure Jayne Mansfield du neuvième San Francisco Film Festival. Une vraie décision de manager... Florence Floyd proposa d'annoncer la bonne nouvelle à l'intéressée tout de suite, avant que la foule ne découvre sa présence. En homme de publicité, David Sacks jugea plus profitable d'attendre au contraire un peu, le temps que la presse et les télévisions présentes reprennent l'information.

Jarman Jr. s'inquiéta de savoir comment décommander une star qu'on avait peut-être invitée.

Sacks lui répondit calmement :

— Elle n'est plus une star. Nous lui dirons d'aller au diable.

Sans le savoir, ce satrape venait de sanctionner la mort du star-system, au sens où les studios l'entendaient depuis l'invention du terme en 1911. Pour la première fois, une grande vedette populaire allait se voir refuser l'accès d'un festival. Ici, en Californie, les ciné-clubs venaient de naître, *les intellectuels* commençaient à s'importer à cause de l'emprise des professeurs de facultés et des étrangers fraîchement débarqués d'Europe, mais les *movie stars* régnaient depuis déjà soixante ans, soit l'équivalent, en chronologie hollywoodienne, de plusieurs dynasties d'Égypte. Jayne Mansfield, symbole de l'ancien Hollywood, créature de Frankenstein lancée par la régie publicitaire de la Fox contre

Marilyn Monroe, un simple buste, une paire de seins qui poussait l'arrogance jusqu'à n'avoir jamais tourné de film correct, un monstre engendré par la presse poubelle et le néant des vieux studios poussiéreux, allait retourner dans le chaudron d'où tout le cinéma d'antan était sorti. Star déchue à trente-quatre ans, avant même la consécration, Jayne Mansfield jouerait la victime expiatoire de la seconde chasse aux sorcières, celle des stars populaires, par les tenants d'une Amérique *culturelle*, inspirée du modèle européen. Refuser Jayne Mansfield, c'était se venger de l'arrogance d'une Elizabeth Taylor ou d'un Frank Sinatra (qui déclinaient les invitations du SFIFF) sans risque de brouille avec les puissants du spectacle. Cela sous couvert de lutte contre la pornographie.

Connaissant Jayne Mansfield, l'affaire ne risquait pas de passer inaperçue et la publicité en irait entièrement aux festivaliers, partant du vieux principe que ce sont les gens qu'on exclut qui donnent de la valeur à un événement mondain.

Au moment où Florence Floyd courait retrouver ses amies de l'accueil VIP pour leur annoncer la nouvelle, elle vit la Bentley et ses passagers remonter la rue en direction du Fairmont. Une attachée de presse avait dû leur conseiller d'attendre à proximité de l'hôtel l'arrivée générale des invités après la fin du film d'ouverture. Ils n'allaient pas être déçus de l'accueil.

Une bile changée en miel caressait les entrailles de Florence Floyd comme à l'époque où, fillette riche mais sans charme, elle se consolait à coup de sucreries de l'amertune que lui causaient les livres d'images consacrés aux déesses blondes archaïques, Bessie Love ou Mary Miles Minter. La perruque blanche de Jayne Mansfield scintilla dans le hublot arrière de la grosse limousine arrêtée au feu rouge. Florence Floyd se demanda comment était le crâne en dessous… Chauve sans doute, à cause des décolorations répétées au peroxyde d'hydrogène.

Florence Floyd passa la main dans ses mèches bouclées serrées, son point fort avec l'argent ; elle se souvenait avoir lu quelques années auparavant des révélations d'un coiffeur au sujet d'une probable alopécie de l'actrice dans *Revealed* ou dans *Confidential*.

Florence Floyd et ses amies n'auraient plus longtemps à attendre avant de pouvoir se rassasier. Les premières photos de Jayne Mansfield parues sans perruque furent celles volées à la police de Slidell après le châtiment final, deux cent cinquante jours plus tard.

4

À l'intérieur de la Bentley à la fourrure, la dispute entre Jayne Mansfield et son amant continuait sur le même mode éteint et hargneux, conséquence de la fatigue et d'un mélange de psychotropes. L'affrontement durait depuis bientôt vingt-quatre heures et achevait d'épuiser leurs forces. La veille, dans la Tower Suite de l'hôtel Fairmont, Sam Brody avait renversé de façon délibérée le contenu d'une bouteille de whisky sur la garde-robe de Jayne. L'actrice n'avait pu prévenir le service de blanchisserie à cause d'un état de somnolence provoqué par l'usage combiné du Nembutal, de l'Adipex, du Norodrine, du whisky, du champagne et du LSD 25. Elle affrontait le gala d'ouverture vêtue d'une tenue de scène de Las Vegas. La robe n'arrangeait rien à la jalousie de Sam (elle avait d'ailleurs été choisie à dessein), mais la vraie cause s'appelait Anton Szandor LaVey.

Le mercredi 19 octobre, veillée d'armes, pendant que le staff de Carroll Baker vérifiait humblement auprès de Warner (Bros) la présence de Warner (Jack) à la cérémonie du lendemain soir, Jayne Mansfield s'était transportée en Bentley avec cinq personnes de sa suite, à l'ouest du district de Richmond, non loin de Barker Beach et du quartier de Sea Cliff.

Au 6114, California Street, se dressait jusqu'en 2001 une étroite maison victorienne, badigeonnée de peinture bleu marine servant au camouflage des sous-marins et appelée à devenir célèbre sous le nom de Black House.

Jayne Mansfield rendait une visite officielle à une curiosité locale, Anton Szandor LaVey. Un ancien forain, devenu mystagogue luciférien depuis la *Walpurgis Nacht* du 30 avril 1966. Le fondateur de la Church of Satan vivait là, assez chichement, en compagnie de Carole, sa première femme, de leur fille Karla, une adolescente de quatorze ans, de Diane, sa seconde femme, de leur fille Zeena Galatea, âgée de trois ans, et d'un lion nubien de trois ans, lui aussi, Tagore (aucun rapport avec Rabindranath).

La rencontre entre la chancellerie du Palais Rose et le cercle magique du Palais Noir avait été organisée à l'initiative de Victor Houston, le *road manager* de l'actrice (sataniste) et de l'attaché de presse de LaVey, Edward Webber. Victor Houston ne devait pas survivre longtemps à Jayne Mansfield : il se tua lui aussi sur la route en 1968. Quant à Edward Webber, il allait quelques années plus tard trahir le mage de Richmond. Une interview de Webber accordée en 1982 à la revue sataniste dissidente *The Cloven Hoof* (Le Sabot fendu) donne des détails sur les curieux rapports qu'entretinrent Mansfield et LaVey.

L'après-midi du 19 octobre, vers dix-sept heures, après avoir inspecté en compagnie du directeur du Fairmont le chantier du futur bar d'inspiration hawaïenne, The Tonga Room, qui devait ouvrir en 1967 et lui survivre jusqu'à aujourd'hui, Jayne Mansfield quitta la Tower Suite et monta dans la Bentley S3 que mettait à sa disposition Lucia Halsey. Cette amie intime de la célèbre milliardaire Barbara

Hutton, sa voisine à Honolulu, était versée dans les sciences occultes. Jayne Mansfield avait déjà eu recours au voisin et astrologue de Lucia Halsey, arrière-petit-fils du président américain Chester Arthur, Gavin Arthur (sataniste). Il est probable que la réputation grandissante d'Anton LaVey avait excité la curiosité de cette petite société un peu trop collet monté pour Jayne Mansfield, qui avait hérité de ses années de jeunesse l'aristocratique simplicité texane. Jayne Mansfield adorait l'occultisme comme tout le monde autour d'elle à Hollywood mais, à en croire Webber, c'est surtout le goût de LaVey pour les animaux sauvages qui l'attira ce jour-là dans l'antre du sataniste. L'été précédent, elle avait subi des tracas policiers à cause de ses deux chats sauvages du Texas. Le 10100 Sunset Blvd était devenu un véritable zoo. On lui réclamait une licence spéciale de professionnelle de la ménagerie. Dans l'affaire, un des lynx était mort écrasé par une voiture. L'accident avait réveillé une blessure secrète. En 1942, à l'âge de neuf ans, Vera Jane avait perdu Bébé, un jeune alligator des Everglades. Ses parents avaient refusé qu'il dorme avec elle dans son lit et le reptile avait succombé au froid sur le perron, dans une bassine.

Chez les LaVey, on connaissait des soucis du même genre après l'évasion d'un léopard, tué lui aussi par l'automobile d'un voisin (une panthère noire qui par hasard s'appelait Zoltan comme le fils cadet de Jayne). la présence du lion Tagore, le vacarme de ses rugissements et l'odeur de putréfaction émanant du jardinet de la maison provoquaient l'indignation des riverains de California St. Mais la famille adamique du 6114 tenait bon. En mars 1967, l'*Evening Standard* fait encore état de conflits et du désarroi de la police : « *Il n'existe aucune ordonnance qui interdise de garder un lion chez soi à San Francisco* », déclare le policier interrogé devant le portail des LaVey. « *Nous avons des textes juridiques contre les chevaux, les vaches, les veaux, les porcs, les moutons, les chèvres, les lapins, les mules, les pigeons, les oies ou les canards, mais aucun contre les lions et les éléphants.* »

En l'honneur de Tagore et de son maître, Jayne Mansfield portait ce jour-là une mini-robe blanche à col lacé et manches longues et le bracelet d'une valeur de 15 000 $ que venait de lui offrir l'homme qui la tenait par la taille. Jayne Mansfield, qui avait arrêté de priser la cocaïne après sa rupture avec un amant vénézuélien de vingt ans, Douglas Olivares, avait pris deux kilos depuis la fin de son show à Las Vegas, une semaine plus tôt. La Dexedrine ne suffisait pas à corriger l'épaississement dû à l'alcool. C'était sans doute dans l'espoir d'affiner son visage, plutôt que par respect pour un lieu de culte satanique, qu'elle se couvrit de cette élégante mantille en dentelle synthétique blanche qu'on aperçoit sur les photos reproduites dans la presse.

Lorsque le chauffeur japonais de Mrs. Halsey déposa ses cinq passagers au croisement de California St. et de la 23ᵉ Avenue, Jayne Mansfield s'émerveilla de la présence de Tagore sur le perron de la Black House. LaVey se tenait derrière la bête, qu'il maîtrisait par une simple chaîne. Le tableau méritait une photographie et Jayne s'inquiéta auprès de son *road manager* de l'absence de la presse. Houston avait fait son possible pour déplacer des journalistes mais ils avaient pris du retard.

S'il n'existe pas de photo ni de chronique précise des premiers moments de la rencontre, il est possible d'en rendre l'ambiance grâce à des témoignages de personnes qui ont fréquenté LaVey à la même époque. Dans ses mémoires intitulés *Child of Satan, Child of God* (« Enfant de Satan, enfant de Dieu »), parus en 1976, une connaissance de LaVey, l'ex-danseuse topless Susan Atkins, membre de la famille Manson, qui poignarderait bientôt Sharon Tate avant de lécher le sang sur ses doigts, dresse en quelques lignes le tableau de la Black House telle que Jayne Mansfield l'a connue, avant la construction de deux immeubles de rapport qui allaient la prendre en étau comme les pinces d'un inquisiteur. À l'époque, l'endroit gardait l'empreinte du San Francisco de Jack London. Le tableau date de janvier 1967, soit six semaines après l'entrevue du 19 octobre.

> *Aussitôt passé le coin de la rue, nous reconnûmes, sans que le doute soit permis, la fameuse maison de LaVey. Elle se dressait seule au milieu d'un terrain vague. La façade était entièrement noire. Même l'herbe était noire.*

> — *Wow, lâcha à voix basse une des filles qui m'accompagnaient.*
> — *C'est diabolique, dis-je.*
> — *Un vrai décor pour Halloween, conclut une troisième nana.*
> *Et nous éclatâmes toutes de rire. Un peu trop bruyamment…*

De LaVey, Susan Atkins (17 ans à l'époque) dresse un portrait aussi précis mais plus mélodramatique que celui de Charles Manson, rencontré quelques jours plus tard. Sans doute parce que LaVey, qui n'avait pas le style hippie, lui semblait à trente-six ans beaucoup plus vieux que Manson, pourtant presque du même âge.

> *À ce que je vis, il était tout en noir. Par contraste, son visage et le haut de son crâne rasé ressortaient d'une blancheur extraordinaire.*
> *Son regard était intense, le regard le plus salement intense que j'aie jamais vu. Et même quand sa bouche souriait, ses yeux restaient brillants et sans expression.*

Puis le mauvais esprit reprend le dessus. Atkins note, non sans humour, que la Black

House possède une sonnette très bourgeoise. Ding dong... Ce qui la déçoit... Mais ne l'empêche pas d'affirmer plus loin que LaVey lui faisait peur, qu'il avait « *un sourire de malade* ». Parole d'orfèvre.

Jayne Mansfield et Susan Atkins : difficile d'imaginer deux femmes plus différentes d'allure et de comportement, même si la brune Atkins donne dans ses mémoires beaucoup d'importance aux affaires de garde-robe et aux détails de coiffure. Preuve que les hippies – et même les égorgeuses, les *garbage people*, comme se surnommaient les filles de Manson – étaient plus futiles qu'on ne croit. Il est révélateur que ces deux *cover stories* de *Life Magazine* se soient succédé à quelques semaines de distance dans le hall sombre, encombré de cierges noirs et d'animaux empaillés où le mage de Richmond recevait ses suppôts. Leur compagnie marque mieux que tous les portraits, toujours un peu faibles, la bifide personnalité d'Anton LaVey.

LaVey détestait les hippies. Comme tous les gourous, il cherchait des prosélytes qui appartiennent aux castes dirigeantes et non des clochards ou des mineures blennorragiques et droguées. À trente-six ans, il était avide de reconnaissance et son petit cercle d'initiés ne lui suffisait plus. En cet été indien 1966, sa notoriété était encore faible. Les séminaires organisés par la Black House, comme par exemple « *Cannibalism & human sacrifice*[1] » (où sa fille de trois ans, Zeena Galatea, avait mangé la chair d'un cadavre dérobé à la morgue), n'attiraient qu'une faune assez clairsemée, en dépit d'un ticket d'entrée à 2,50 $. La visite d'une star que tout le monde pouvait apercevoir dans la rue était une chance inespérée pour le commerce sataniste.

Le ding dong du timbre d'entrée n'a pas pu choquer Jayne Mansfield. Adepte depuis les années 50 de tous les salons d'arts ménagers, elle possédait une sonnette où l'on entendait sa voix enregistrée susurrer *I love you*. En revanche, le coup de foudre n'eut pas lieu.

Autre son de cloche du mage, qui aime à parler de soi à la troisième personne : « *Dès le premier instant, Jayne a été violemment attirée*

---

1. « Cannibalisme et sacrifice humain. »

*par Anton LaVey, une attraction qui allait
tourner rapidement à l'obsession.* » Une affirma-
tion qu'il répétera à plusieurs reprises dans
ses deux biographies autorisées, ainsi que
dans un entretien qu'il accordera au magazine *Hustler* en septembre 1979.

Selon les témoins présents côté rose et côté
noir, l'attirance ne fut pas immédiate, ou alors
seulement pour le lion. Jayne Mansfield vivait
sa pleine lune de miel avec Brody, mais le
personnage de LaVey la troubla par nombre
d'affinités de caractère.

Lorsqu'il voulait séduire, l'ancien forain
montreur de monstres du *carny circuit* jouait
du côté romantique de sa personnalité.
Enfant unique lui aussi, rêveur entouré
d'animaux sauvages, il avait réussi à imposer
sa vision du monde et à construire un délire
organisé autour de sa personne à l'aide de
forces obscures qu'il prétendait manipuler.
L'un comme l'autre avaient établi leur empire
autour d'un temple : leur maison. La Black
House, avec ses treize pièces biscornues
peintes dans des couleurs de lupanar et sa
seule salle d'eau précaire où Tagore nichait
en hiver, ressemblait à une version *freaky* du
Palais Rose, ce gigantesque pavillon de style

hispano-mauresque avec ses onze salles de bains en panne.

Construite en 1887 par un ancien cap-hornier écossais, l'étonnante bicoque en bois du plus pur style *Psychose* avait été ornée en 1906, après le tremblement de terre, d'une cheminée monumentale. LaVey aimait à répéter à ses visiteurs transis devant leur grenadine (la boisson du tout-venant sata-nique, le bourbon-glace étant réservé au grand sorcier) que les pierres noires qui appa-reillaient l'âtre venaient de ruines romaines trouvées en Angleterre, d'où elles avaient été transportées via le cap Horn pour paver les anciens docks de San Francisco… Ces pierres monumentales incroyablement foncées avaient (d'après le guide) été pillées par les Romains sur d'anciens lieux de culte drui-diques. Un extrait du documentaire *Satanis : The Devil's Mass* (« La Messe du diable », 1970) nous permet d'entrevoir leur maçon-nerie en arrière-plan d'une cérémonie. Même dans la pénombre, la datation apparaît posté-rieure à l'expertise à la Lovecraft du mage.

Vers dix-sept heures quarante-cinq, Jayne Mansfield bâilla et commença à regarder Sam

Brody comme si elle avait l'intention d'enlever
sa robe devant tout le monde. Elle avait un
préjugé contre l'Antiquité depuis qu'elle avait
interprété le rôle de Déjanire dans un navet
italien et connu plusieurs histoires d'amour
malheureuses à Rome. Elle réclama un jus de
fruits frais qu'une jeune brunette s'empressa
d'aller lui préparer. Sans se troubler, sans
tenir compte des frétillements de l'actrice,
LaVey raconta de la voix lente, rocailleuse
qu'il avait empruntée à son idole, Bela Lugosi,
l'interminable histoire de Mary Helen Pleasant, dite Mammy Pleasant, une maquerelle à
qui la Black House avait appartenu au début
du siècle et qui avait agrémenté cette ancienne
baraque de pêcheur de chausse-trapes et de
glaces sans tain. Suivre une visite guidée
n'était pas dans la manière de Jayne Mansfield – sauvage, texane, virevoltante, ultravio-
lente. D'après le coiffeur qui l'accompagnait,
malgré un désir de plaire universel qui la
poussait à flatter tous les ego masculins que le
hasard mettait sur sa route, Jayne fut prise à ce
moment-là d'une de ces montées maniaques
qu'elle nommait dans son jargon enfantin
scoosa hours. Provoquées par l'alcoolisme et
l'addiction aux coupe-faim qui dataient de la

fin des années 50, ces explosions quotidiennes la conduisaient irrémédiablement à provoquer l'attention en suscitant la violence. Une sorte de crise sadique. Jayne Mansfield était à ses propres yeux une star internationale, peut-être la dernière *movie star* au monde, elle générait encore des centaines de milliers de dollars par an, elle attendait autre chose d'un suppôt de Satan qu'un prêchi-prêcha historique. Elle avait tourné trop de navets pour accepter que la vie en devienne un.

LaVey avait une sensibilité de dompteur de fauves. S'interrompant, il demanda brusquement à Jayne Mansfield, en se collant entre elle et les autres, si elle était venue chez lui pour devenir prêtresse de l'Église de Satan et prêter allégeance au diable. Le passage brutal d'une sorte de brouhaha historique digne d'un documentaire de la BBC à un dialogue de film d'horreur plut à Jayne Mansfield, comme tout ce qui pouvait choquer. Par-dessus l'épaule du sorcier, elle regarda Sam Brody dans les yeux en frottant l'avant de ses cuisses nues comme une fillette qui a envie d'uriner. Et susurra de la manière la plus insupportable : « Ooh yes *Monsieur* Lavviii. »

Sam Brody mesurait à peine un mètre soixante-cinq. Une rage intime le poussait en avant comme un animal. Ce petit juif avait les yeux bleus de certains dogues. C'était un homme désespéré. Une sorte d'Al Capone sans garde du corps, qui avait brûlé les ponts derrière lui. Depuis deux semaines, il vivait un grand amour pour lequel il avait abandonné deux enfants et une femme atteinte de la sclérose en plaques. Le soir où il avait couché pour la première fois avec Jayne Mansfield et fusillé tout espoir de rentrer chez lui, il avait perdu 30 000 $ au casino Riviera à Las Vegas. Instinctivement, sourdement, cet homme cultivé, cet avocat ambitieux, ex-défenseur de Jack Ruby, savait qu'il n'y aurait rien après Jayne Mansfield et c'est exactement ce que Jayne Mansfield, malgré sa peur de la mort, son obsession du vide, cherchait à trouver chez un homme. Sam Brody avait laissé s'effondrer sa vie en quelques jours. Il buvait à s'en fendre l'âme, il suçait du LSD comme d'autres des Chupa Chups. Il ne plaidait plus. Melvin Belli, le grand avocat, le futur organisateur d'Altamont, l'homme qui lui avait confié le premier contact avec Ruby juste après l'assassinat de

Lee Harvey Oswald, ne le prenait plus en ligne. Ses amis, qui étaient aussi et surtout les amis de sa femme Beverly, ne lui adressaient plus la parole, les prêteurs sur gages de la mafia le recherchaient, il volait l'argent de Jayne Mansfield pour continuer de jouer avec Jayne Mansfield et pour que Jayne Mansfield continue à se jouer de lui. Que faisait-il, lui le juif pratiquant, l'amant d'une des plus grandes *movie stars* du monde, dans cette cambuse peinte en noir, avec ces hippies et ces clowns, à supporter que Jayne Mansfield frotte son ventre contre le pantalon d'un pauvre magicien de foire aux chaussures mal cirées, déguisé en Lucifer ?

Il fallut trois personnes pour le contenir au moment où il sauta sur LaVey. Les figurants, la suite de Jayne, son coiffeur, l'astrologue de la milliardaire connaissaient par cœur les règles de la partie que jouaient Jayne Mansfield et Sam Brody. Ou plutôt, ils connaissaient Jayne Mansfield et croyaient pouvoir mépriser Sam Brody. Le nouvel avatar, l'amant numéro ... de Jayne Mansfield, toujours sous l'emprise de la *scoosa hour*, colla ses seins sur LaVey et lui susurra quelque chose comme :

*— Don't you want to shake them up a little,
it'll do them good. What kind of devil are you ?
Don't you want to have a little fun* [1] *?*

Tout le monde se doutait que Jayne Mansfield avait bu ou avalé des cachets en douce. Tout le monde savait ce qui allait se passer.

C'est sans doute pourquoi cela ne se passa pas ainsi. Jayne Mansfield s'écarta de LaVey plus vite qu'elle ne s'en était approchée. Elle était coutumière de retours à la raison aussi brutaux que ses coups de folie. May Mann ou Raymond Strait, ceux de ses biographes qui l'ont connue, font état de sautes d'humeur considérables, alternance de folie furieuse et d'un calme suave. Son côté gothique, Fiancée de Dracula ou Chair de l'Orchidée... potentialisé par l'acide. Brody se calma aussi soudainement et partit téléphoner sur le poste MTB cellulaire de la Bentley. Une peluche à laquelle Jayne Mansfield tenait beaucoup avait été embarquée par erreur dans un panier du service *laundry* de l'hôtel Fairmont. Une affaire d'importance qui réclamait toutes les forces du Palais Rose. Un brouhaha

---

1. « T'as pas envie de les tripoter un peu ? Drôle de diable...
T'as pas envie de t'amuser un peu ? »

accompagna l'entrée d'un photographe allemand et de son assistant. Ils venaient de faire un portrait du groupe de rock Jefferson Airplane (inconnu à l'époque en dehors de San Francisco) qui répétait dans une maison voisine. Quelques disciples dont Carole, la maîtresse des lieux, ainsi que Diane, l'autre femme du mage, sosie exact de Sweet Gwendoline, s'occupèrent de mettre à l'aise les invités. En l'absence de Brody, et en présence des journalistes, Jayne Mansfield réhabita son personnage, adoptant ce jeu de *dumb blonde* qu'elle désignait dans son jargon sous le nom de *Mansfield routine*. La présence de Zeena Galatea, la fillette de trois ans qui se roulait entre les pattes de Tagore, lui permit de donner le meilleur d'elle-même.

La cérémonie d'initiation fournit la matière de bonnes photographies. Une d'entre elles montre Jayne Mansfield agenouillée sur une peau de zèbre en compagnie de LaVey. Celui-ci a revêtu sa tenue d'officiant, une cape longue à doublure de satinette amarante ainsi qu'une cagoule noire avec une découpe en pointe sur le front, du type de celles qui servent ordinairement à coiffer le personnage de Méphistophélès dans les mises en scène de

Faust. Le vestiaire du mage est accessoirisé d'une paire de cornes en résine blanche portée en diadème sur la cagoule ainsi que d'un important pendentif en émail cerclé de bronze doré figurant un pentacle. Jayne Mansfield, vêtue de sa minirobe western blanche à dentelles, la perruque courte serrée dans la mantille, tient à la main un crâne humain, préfiguration de notre sort commun et du sien proche. Des faux cils et un lourd maquillage donnent à son regard dirigé vers le symbole de mort une expression recueillie, mais une légère crispation labiale et la remontée des commissures indiquent l'amorce d'un fou rire. Cette photo, comme toute l'iconographie sataniste de l'actrice, révèle que le personnage de fantaisie incarné par Jayne Mansfield tend à dévoyer la gravité du cérémonial. LaVey lui-même, avec sa cagoule et ses cornes de farces et attrapes, contribue à renforcer ce soupçon de parodie. Mais qui dévoie qui ? La naïveté ne doit jamais être confondue avec l'innocence.

Anton LaVey a exercé une influence détestable sur les derniers jours de Jayne Mansfield. Il n'a cessé de rôder autour d'elle et de sa famille jusqu'au début du mois de juin 1966. Plusieurs visites attestées à Los Angeles, des coups de téléphone répétés, des menaces proférées en public à l'égard de Sam Brody sont rapportés par plusieurs témoins. On pourrait préjuger une liaison intime.

Dans la biographie trop lisse de Blanche Barton, LaVey s'étend sur le sujet. Il brode sur les avances sexuelles que Jayne Mansfield lui a faites à leur première rencontre. S'ensuit une affaire torride qui a tout de la bande dessinée érotique pour teenagers, où l'actrice se révèle une maîtresse soumise et une amoureuse éperdue. « Folle » de LaVey, elle aurait été victime d'une sorte de chantage exercé par Brody, avocaillon vicieux et jaloux.

L'ensemble trahit un âge mental d'une douzaine d'années et une imagination influencée par une littérature qui a peu à voir avec le Grand Albert. Certaines notations psychologiques (Jayne physiquement masochiste) sont démarquées du livre de May Mann et de celui de Martha Saxton. L'ensemble sent le montage a posteriori. Tous les défauts du personnage de LaVey, notamment sa paranoïa, y apparaissent. Seul son don d'observation résiste à l'analyse. En bon freak, LaVey montre le goût des oisifs pour le détail. On devine qu'il a observé Jayne Mansfield une ou deux fois de près, en prédateur. Certaines notations justes, telle la manière qu'elle avait de prononcer le mot « amulette » comme « omelette » avec un maniérisme d'élocution que plusieurs témoins ont comparé à celui de Jacqueline Kennedy Bouvier, rachètent les souvenirs fabriqués. Avec son parfum de vérité, ce détail contredit d'ailleurs la thèse d'une vraie liaison. On ne garde en mémoire de telles singularités et on ne pense à les rapporter plus tard que si l'on a peu ou pas assez fréquenté l'objet de la convoitise.

Une certitude : le mage a séduit Jayne Mansfield au point de la convaincre d'associer son nom à son Église, conversion d'autant plus rapide que le diable (la gloire) était déjà passé et que l'actrice cherchait plus que jamais à attirer la presse. Plusieurs interviews de décembre 1966 le prouvent. La peur qu'il suscita ensuite (courant 1967, après le voyage au Vietnam) chez elle et dans sa famille tenait plutôt de celle qu'on ressent vis-à-vis d'un harceleur particulièrement tenace. Mais le harcèlement n'est-il pas un des artifices de Méphistophélès ? Les sectes ne lâchent jamais ceux qui les ont approchées, elles vont jusqu'à provoquer des accidents ou des suicides chez les victimes les plus fragiles de leur persécution.

La narration de May Mann, dans son *Jayne Mansfield* de 1973, ne vaut guère mieux que celle de Blanche Barton. Mann rejoint LaVey sur deux obsessions : Satan et... Sam Brody. Ce dernier est désigné comme le porte-malheur de l'actrice. Au sens large, Mann voit dans sa présence aux côtés de Jayne Mansfield l'origine de toutes les catastrophes. Au sens magique aussi, puisque Brody aurait commis des excentricités chez LaVey le jour de leur rencontre. Déboulant en pleine initiation sous le coup de la jalousie (sans doute au retour de la mission peluche), l'avocat aurait renversé des objets de culte et éteint des cierges aux dangereux pouvoirs. Mann, amie intime de la Jayne Mansfield des derniers temps, apparaît au fil de son livre comme un esprit gangrené par le goût du paranormal, une mode tenace à Hollywood, en particulier dans le sérail du Palais Rose. C'est d'ailleurs le charme de son livre, en plus des singuliers *verbatim* de Jayne. Cette obsédée d'occultisme donne à LaVey un pouvoir symbolique qui laisse penser parfois qu'elle-même a pu faire partie de l'Église de

Satan au même titre que Jayne Mansfield. Sa biographie, baroque et décadente comme toutes celles de l'actrice, ne commence-t-elle pas par une apparition du fantôme de Jayne Mansfield qui lui ordonne d'écrire sa vie ? On se croirait dans *L'Âne d'or*. Le goût du sensationnel, l'envie de faire de l'argent avec un beau cadavre, l'obsession morbide de la magie, l'obédience possible à des cultes noirs californiens se mêlent dans cet étonnant livre. À aucun moment, toutefois, Mann ne fait allusion à une liaison sentimentale entre Jayne Mansfield et le mage de Richmond. LaVey fait figure de harceleur dont les motifs paraissent plus publicitaires que sentimentaux. L'amant c'est Brody et au fond, pour elle comme pour LaVey, le mal c'est Brody, l'homme qui a déclenché la colère des dieux mauvais.

La légende de la *satanic curse* (malédiction satanique) est évoquée par l'ancien secrétaire de Jayne, Raymond Strait.

Dans un livre paru un an après celui de May Mann, *The Tragic Secret Life of Jayne Mansfield*, il ne retient pas l'hypothèse sataniste, sans cependant l'ignorer. Il signale simplement, entre autres facteurs de troubles, que Brody était hanté par le diable et la malédiction de LaVey, alors que d'après lui Mansfield n'y croyait pas. Nulle trace des visites de LaVey et des coups de téléphone à répétition évoqués par Mann. Le secrétaire s'est brouilé avec l'actrice début janvier 1967. Il fut remplacé au pied levé par un hippie ramassé dans la rue (le fournisseur de LSD du couple). D'où sans doute une fixation sur l'acide et ses dégâts sur Jayne. La troisième biographie, celle de Martha Saxton, *Jayne Mansfield and the American Fifties*, pourtant méticuleuse, ne cite jamais le nom de LaVey.

Le lien entre l'accident de Jayne Mansfield et l'Église de Satan donne matière à un article de sept pages d'un numéro du tabloïd *Headlines* paru en décembre 1974, titré « Did Witchcraft Kill Jayne [1] ? ». Le journaliste y forge le premier maillon d'une longue chaîne de ragots prolongée bien au-delà de la mort du mage en 1988 et dont internet continue à présent la traîne. L'enquêteur anonyme reprenait les révélations de May Mann concernant

---

1. « La sorcellerie a-t-elle tué Jayne ? »

la malédiction lancée contre Brody. Pas moins de six accidents de voiture auraient suivi. Mann en compte quatre, Strait deux seulement... Faute de dossiers d'assurance concernant les véhicules loués au Canada ou en Angleterre, le chiffre exact reste difficile à établir. Quoi qu'il en soit, toutes ces répétitions ainsi que le grand final visent, d'après l'article, l'avocat et non l'actrice. Sur cette trame empruntée au livre de Mann, le tabloïd brode en rajoutant un certain nombre d'informations de source inconnue, toutes bizarres. Vol de perruques et d'objets personnels post mortem, apparition puis disparition d'un mystérieux papier griffé *666* au-dessus du lit de la défunte... Hormis l'imagination du journaliste et à défaut de preuves, on peut invoquer une source probable : Linda Murdick, la femme de ménage noire de l'actrice, grande ennemie de LaVey et grande pourvoyeuse de ragots macabres. L'article est illustré par les photos les plus cruelles jamais parues de l'accident.

Au premier chef, l'affaire intéressa les milieux satanistes et les ennemis du mage. Entre 1971 et 1974, l'Église de Satan traversa une crise importante, la pire de sa courte histoire : une hérésie suscitée par son ancien numéro 2, un lieutenant-colonel des marines, Michael Aquino. Ce néonazi trouvait insupportable que LaVey veuille vendre l'Église sous forme de licence internationale telle une vulgaire compagnie. Faute d'être intéressé financièrement à l'affaire, le projet lui apparaissait comme une véritable simonie. Les fâcheries sont propices aux révélations et la liaison Mansfield-LaVey fut démentie avec malice dans *The Cloven Hoof*, l'organe officiel de la secte d'Aquino, le Temple de Seth, ordre du Trapézoïde (à ne pas confondre avec l'ordre du Bouc Noir, une hérésie concurrente). Au milieu d'un verbiage spiritualiste inspiré par les doctrines ésotériques du Reichsführer SS Heinrich Himmler, on trouve plusieurs attaques visant à dédiaboliser LaVey, manière bien sataniste de diaboliser l'adversaire. L'accusation reposait sur le témoignage d'Edward Webber. Organisateur de la rencontre du 19 octobre 1966, l'ancien attaché de presse de LaVey démolit les affirmations du mage concernant une liaison avec Jayne Mansfield et le fameux sort jeté sur Brody. D'après Webber, LaVey n'a pas rencontré Jayne Mansfield durant le printemps 1967. Les contacts auraient été rompus dès janvier, après l'accident survenu à Zoltan.

Pourtant, en dépit des efforts du clan Aquino et du peu de foi qu'on doit accorder à LaVey, il existe une preuve photographique attestant la présence du mage au Palais Rose au printemps 1967 : une série de clichés de presse datant d'avril ou de mai, montrant la famille en compagnie du mystagogue dans les jardins du 10100 Sunset Blvd. Grand soleil, ambiance joyeuse, LaVey porte une élégante cape courte en satin et joue à poursuivre Jayne Mansfield, coiffée d'une perruque à la Kim Novak. On dirait un goûter-attractions magiques organisé par une mère de famille. Sur un des clichés, Samuel Brody pose avec la petite troupe, LaVey, Jayne et les enfants. Il a l'air plutôt détendu, en *Friday casual*, style beau-papa d'une famille recomposée. Le même cliché orne le cahier central de *The Secret Life of a Satanist*. Une main (celle de LaVey) a découpé une bande à gauche, supprimant Brody dont on ne voit plus que la jambe. Malheureusement (pour Satan) ce n'est pas la jambe cassée un peu plus tard dans l'accident de Maserati. Aux dires de

Jayne Marie qui porte sur la photo une curieuse robe trapèze cinétique, il ne s'agissait que d'une affaire publicitaire. LaVey parle d'un reportage de *Stern*. Il n'a pas pu être retrouvé.

Ici encore, les photos attestent du mélange de farce, de jeu naïf avec le Mal propre à l'artiste qui se faisait appeler Jayne Mansfield. Tout est drôle, ensoleillé, californien, insouciant, et pourtant l'histoire finit dans un bain de sang. Cette conjuration du diable, de la fuite en avant, de la rage, de la Californie, des enfantillages et du grand amour ordonne le romantisme rose et noir propre à Jayne Mansfield.

Le romantisme est le lien entre Jayne, Brody et LaVey ; la matière même du pacte triangulaire, si pacte il y eut. La malédiction romantique, le sort mauvais lancé par un tiers, sacre le grand amour en le sauvant de la désunion. Épris de leur propre ruine, les amants ne pouvaient qu'oublier le souci, le sérieux, le travail, pour se donner corps et âme à l'angoisse et au rire.

Jayne Mansfield n'était pas fascinée par LaVey, mais elle devinait chez le mage un penchant qui allait au-delà du simple coup de publicité. Un penchant plus actif et plus respectueux que ceux qu'elle avait suscités jusque-là. Jayne Mansfield n'était plus une *pin-up cheesecake*, ni même une actrice blonde : entre 1962 et 1966, elle était devenue un monstre, un des freaks les plus spectaculaires de l'internationale du spectacle, elle vivait une existence comparable à celle d'une femme à barbe ou d'un Elephant Man qui aurait eu plusieurs dizaines de millions de fans. Avec le temps, les perruques et les scandales, les choses étaient devenues de plus en plus claires et, comme dans les grandes familles du cirque, ses enfants, ses maris et ses amants travaillaient dans le numéro et servaient à sa parade. Sortie du cinéma, déchue de son statut de *movie star*, elle était devenue une gigantesque attraction foraine à la manière de Lola Montès. Une de ces femmes qui, ayant fini d'être belles, deviennent des monstres dans l'espoir d'entretenir l'attention.

Avec tous ses ridicules et une naïveté propre aux provocateurs, LaVey était avant tout l'ami des monstres. Il aimait les monstres, les bêtes fauves et toute l'aristocratie du peuple forain. Ses mémoires laissent apparaître (délibérément ?) quelque chose d'un Tod Browning ou d'un showman de chez Barnum. Dans le *carny circuit* où il avait œuvré en tant que musicien, à son époque pachuco zazou, dans les années 40, il avait rencontré l'élite de cette société parallèle : Frank Lantini l'homme à trois jambes, Grace McDaniel la femme tête de mule, Jacob Heilberger l'homme-autruche, Johnny Eck l'homme-tronc, des nains par dizaines, des géants aussi. C'est du moins ce qu'il raconte à Blanche Barton, mais on sent au grain de sa voix que, même s'il embellit, il y a du vrai dans ce penchant.

« *I've always had an appreciation for characters – because of their exclusivity. They are unique. Perhaps it was because of my abiding respect for characters that I had to create something like the Church of Satan*[1]. » Le casting de la Black House témoignait de ce goût pour le bizarre : il y avait plusieurs nains, un albinos,

---

1. « J'ai toujours aimé les *personnages* – parce qu'ils sont exclusifs. Uniques. C'est peut-être à cause du respect qu'ils m'ont toujours inspiré que j'ai eu besoin de créer l'Église de Satan. »

122

une baronne suédoise d'un âge avancé qui aimait se montrer nue et raconter son éducation royale à la cour de Gustave V, le docteur Nixon inventeur d'un automate musicien, sa muse Onezoma Dubouchelle, l'héritière des mitrailleuses Vickers, etc. Jayne Mansfield constituait une pièce maîtresse de cette collection.

L'intérêt des diaboliques pour Jayne n'était pas nouveau. Il convient de rendre à Lucifer (ou plutôt Bélial, le diable inverti) ce qui lui appartient. Dix ans avant son disciple, en 1957, le Jean Lorrain de Hollywood, le cinéaste Kenneth Anger (premier apôtre du satanisme californien) apporta aux deux libraires du Minotaure, une librairie située à Paris, à l'angle de la rue de Seine et de la rue des Beaux-Arts, le manuscrit de *Hollywood Babylone*. Jayne Mansfield, dont la photographie devait orner la fascinante couverture (rose et noir) du livre d'Anger[1], n'était pas encore morte ni même déchue. Elle se trouvait, avec son alter ego baroque Elvis Presley (« *Elvis, la première star salope depuis Shirley Temple* », selon Anger), au sommet de sa

---

1. Éditions Jean-Jacques Pauvert, Paris, 1959.

gloire. En témoignent les dernières lignes du livre :

> « *Dans la nuit installée sur les plateaux fermés et les piscines vides, cette lueur rose, qu'est-ce ? La promesse d'une aube nouvelle, l'espoir qui entre sur la pointe des pieds ? C'est Jayne Mansfield qui s'offre à nous, tout entière ; Jayne, le scandale fait carrière, qui nous assure que le Hollywood Way of Life tient toujours bon ; qu'il est fort plaisant d'être une star bien faite, d'avoir pour mari un homme bien musclé, le plaisir, et quelque peu l'amour du \$. C'est Jayne qui nous montre son bonheur à travers les cloisons percées de sa vie privée ; cette vie en rose qu'elle a su se faire, car elle a écouté les fées penchées sur son berceau qui chuchotaient : Bonheur à qui le scandale arrive… »*

On a vu, dès juin 1967, ce qu'il adviendrait des vœux de bonheur satanistes…

Le pacte que LaVey proposa à Jayne promettait de lui donner cette gloire éternelle à laquelle son orgueil aspirait. Leur rencontre eut lieu quelques heures avant sa déchéance du star-system et marqua son entrée définitive sur la scène underground. Dans les moments d'angoisse qui la torturèrent durant

les six derniers mois, Jayne pensa que la malédiction de LaVey avait commencé le soir de
son éviction du SFIFF. Elle n'avait pas tort.
Le pacte du mage de Richmond était vrai et
trompeur, comme toutes les œuvres du
Malin. LaVey lui vendit l'éternité au prix de
sa vie, et certains diraient de son âme.

Preuve que, comme dans le film de Fellini
inspiré par l'accident (*Toby Dammit*, 1968), il
ne faut pas jouer sa tête (ou même sa
perruque) avec plus fort que soi.

Quant à LaVey, il tira profit du marché.
Dès l'année suivante, l'Église de Satan allait
se faire un nom en organisant, selon son rite,
un mariage ainsi que des funérailles. Célé-
brée conjointement par LaVey et Kenneth
Anger, cette seconde cérémonie eut lieu à
Treasure Island, la Navy lui prêta même son
concours. Certains cadres de l'armée appartenaient à ce qui ne s'appelait pas encore une
secte. Début 1967, Herb Caen lui consacrerait une de ses célèbres colonnes dans le *San
Francisco Chronicle*. La décapitation de Jayne
Mansfield puis l'affaire Tate-La Bianca lui
permettraient de sortir de son personnage de
Mandrake freak pour entrer, aux côtés de

Kenneth Anger et de Charles Manson, dans la légende du satanisme californien.

En 1985, le très sexy tueur en série Richard Ramirez (The Night Stalker, « Le Traqueur de la nuit ») réveillerait de vieux cadavres en confiant aux inspecteurs du LAPD qu'il avait été initié au culte du mal par Anton LaVey mais qu'il avait séché les séminaires de la Black House pour se liver à un culte solitaire (les meurtres). Le mage, qui ne s'était jamais caché d'avoir travaillé pour la police, ne fut pas inquiété. Il est mort officiellement d'un arrêt cardiaque en 1997. Une procédure de divorce avec la mère de Zeena Galatea l'avait forcé à vendre la vieille maison victorienne, détruite en 2001 et aujourd'hui remplacée par un *condo* de style postmoderne.

5

Hors les perruques et les peluches (dispersées par la succession au moment de la vente du Palais Rose, en mars 1971), il existe une relique émouvante attachée à Jayne Mansfield : les albums où furent recueillis de sa main et de celle de sa fille Jayne Marie tous les articles de presse la concernant. Ces archives courent de 1952 jusqu'à l'année fatale à travers plus d'une centaine de volumes reliés en veau rouge, filets dorés sur les plats, tranche dorée, reliure montée sur molleton synthétique. Leur collection remplissait l'essentiel des rayonnages d'une pièce située au rez-de-chaussée du Palais Rose, que certains biographes appellent « *the library*[1] » et d'autres « *the leather office*[2] ». Situé

---

1. La bibliothèque.
2. Le bureau capitonné.

au nord du hall principal, ce bureau était moquetté de blanc et tapissé de cuir rouge. C'est ici, sous la volée du grand escalier du hall à rampe d'acier plastifiée dorée, derrière des fenêtres à barreau de style tolédan, à l'ombre des palmiers géants d'Hawaï plantés en 1940 par le chanteur de jazz Rudy Vallee (Lord Marmaduke Fog dans la série TV *Batman*), que se tenaient les réunions de travail, les cellules de crise et les signatures de chèques.

Bibliographie, archives, livre d'heures, bibliothèque rose, bibliothèque noire, cet important press-book révèle, mieux que toutes les analyses, la nature profonde de l'artiste qui répondait au nom de Jayne Mansfield. Tous les articles, bons, mauvais, stupides ou carrément hargneux y sont inventoriés comme autant de minutes d'une vaste et unique performance.

On y trouve aussi bien les deux historiques couvertures de *Life Magazine* (numéros du 21 novembre 1955 et du 23 avril 1956) que, dans l'album 35, en page 123, un article de la feuille à scandale *Revealed* intitulé : « Jayne Mansfield's Dilemma : Blonde or Bald[1] ? »

---

1. « Le dilemme de Jayne Mansfield : blonde ou chauve ? »

Répondant à la question que se posait Mrs. Florence Floyd le soir de l'éviction du SFIFF, le journaliste feint de s'inquiéter des dégâts provoqués par le peroxyde d'hydrogène à 10 % (eau oxygénée 30 volumes) sur la chevelure naturellement brune de l'actrice.

On y trouve ensuite à chaque page, à partir du début des années 60 (volume 38 à la fin), la réponse dialectique imaginée par l'artiste : la perruque, ou plutôt les perruques... Ou plus exactement un amoncellement des perruques les plus invraisemblables, les plus livides, les plus argentées, les plus cadavériques, les plus accrocheuses, piquées au vestiaire des travestis, bien avant Andy Warhol, Divine ou les New York Dolls. Certes, au début des années 60, les postiches étaient à la mode, mais on observe chez Jayne Mansfield une surenchère qui inquiétait à l'époque jusqu'à ses propres coiffeurs.

L'artiste qui répond au nom de Jayne Mansfield ne porte pas un toupet cache-misère pour masquer sa honte, elle se transforme en soutien de postiche et invente un style toupie blonde qui renvoie (selon la psychologie autrichienne) toutes les femmes à leur manque et à l'envie de ce qu'elles n'ont pas.

À regarder ces albums, on comprend très vite que la carrière de Jayne Mansfield repose sur une stratégie défensive, à partir du moment où s'installe une gloire aussi grande qu'immotivée. Elle comble les vides, elle remplit son rôle (et ses albums) pour cacher son absence d'être. L'imposteur, la mythomane qu'une mère rigide et exigeante avait démasquée dès son plus jeune âge trouve dans le star-system le remède à sa faille intime. Chaque événement affectif donne matière à spectaculaire. De ses misères elle fait des objets fétiches, des articles, des centaines d'articles qui construisent sa statue, si solidement qu'aujourd'hui encore le nom de Jayne Mansfield a survécu à ses films.

En septembre 1958, elle est menacée par Mary Hargitay, l'ex-femme de Monsieur Univers, qui réclame une majoration de sa pension alimentaire à 400 $ sous prétexte que le couple touche des cachets de 30 000 $ par semaine au Tropicana de Las Vegas (*Confidential*, septembre 1958).

Jayne Mansfield organise dès le lendemain une séance photo qui révèle qu'elle n'a pas de meubles dans le Palais Rose acheté avec les économies de son grand-père (et non l'argent de Monsieur Univers, comme elle l'avait laissé

croire pour sauver l'honneur de ce dernier).
Du coup, d'autres hommes avides de caresses,
les policiers de Laguna Beach, organisent une
tombola pour lui offrir un lit (*Los Angeles
Times*, 24 septembre 1958).

La fantaisie, les rebondissements incessants,
le culte outrancier de l'*entertainment* remontent
du fonds commun de chacune de ces pages.
S'y affirme, au-delà des différences sexuelles,
une personnalité virile, obsédée, grandiose,
douée d'une intrépidité de caractère, d'un
défaut de faiblesse et d'une impudeur joyeuse,
toutes démesures propres aux natures para-
noïaques et aristocratiques. À petits coups
de ciseaux soigneux, de points de colle
Scotch 3M, l'être qui a réalisé ces albums leur
fournissant la matière tout en s'appliquant sans
réserve à leur confection, ce joli Faust aux
longs doigts, élabora de son chef un être
d'exception, un diable de volonté et d'intelligence, un Grand Diable très supérieur à tous
ses commentateurs, sans parler de ceux qui
l'ont accablé de leur mépris. Les époques de
décadence n'aiment pas forcément les gens
décadents et Hollywood redoute l'intelligence.
Jayne Mansfield n'est que la réponse trouvée
par une volonté et une énergie supérieures à

une situation historique : la fin du star-system et des femmes objets. Devant ces livres, tous ces livres, ces contes et ces mécomptes, enluminés de voitures de luxe, de maillots de bain extravagants, d'arrestations infâmes, de postes de police, de films stupides, de lions, d'enfants martyrs, de caniches roses, de naufrages et de diverses matières brillantes ou mortes, il est permis, sans insolite, de parler de destin. La Mort n'y est pas représentée, faute de continuateur, mais elle y pointe à chaque moment, au coin d'une photo ou d'une interview, comme dans toute grande œuvre sensible.

La vraie presse américaine, la presse à sensation, ne s'y est pas trompée. Elle avait encouragé le phénomène. Elle lui resta fidèle. Hommage funèbre, le 20 juin 1969, deux ans après l'accident, l'actrice d'origine bolivienne Raquel Welch, autre reine du plan média sauvage, recevait de la part de la presse de Hollywood le premier (et dernier) *Hollywood Publicists' Jayne Mansfield Prize for Exposure* destiné à illustrer la personnalité féminine ayant obtenu dans l'année le plus de publicité personnelle. Si le *Jayne Mansfield Award* avait connu d'autres lauréates, les Américaines Pamela Anderson, Anna Nicole Smith, Paris

Hilton, Mary Kate Olsen et Lindsay Lohan figureraient aujourd'hui au palmarès.

Certains volumes de la chronographie furent récupérés par Mickey Hargitay après la mort de Jayne Mansfield. Une partie disparut dans le naufrage. Le dernier tome se retrouva entre les jambes de la morte sur le tapis de sol de la Buick, en compagnie d'autres objets personnels. Il fait partie des pièces recueillies par la police après l'extraction des cadavres. Sur le portrait posthume du chihuahua Momsicle, on aperçoit des coupures froissées en arrière-plan. La proximité des débris de cervelle leur donne l'allure sinistre de ces emballages « recyclés » qu'utilisaient en Irlande les marchands d'abats, à l'époque de Leopold Bloom. Il est probable qu'à l'instant de l'accident, Jayne était en train de coller quelques entrefilets relatant ses exploits chez Gus Stevens.

Nous avons pu consulter les cahiers datant de 1966 et 1967, retrouvés par un amateur de curiosités lors d'une vente de charité organisée à New York en juin 1997 (presque trente ans jour pour jour après l'accident) à l'hotel Waldorf Astoria à New York. Malheureusement, une partie des volumes avait servi

dans l'intervalle d'albums photos à un féti-
chiste collectionneur de polaroïds mettant en
scène des gens de couleur dans des postures
érotiques. Pour ses collages, le second propriétaire de l'album a favorisé les pages rectos en
lecture directe. La plupart des versos, plus
difficiles à consulter d'une main, ont conservé
leurs vignettes d'origine. Un expert pourrait
déterminer lesquels, parmi ces dizaines
d'articles, ont été collés de la main de Jayne
Mansfield. Il s'agirait sûrement des mieux
disposés et des plus exactement découpés,
quoique, à partir du milieu des années 60, la
main de Jayne Marie, pliée par sa mère à différents travaux de précision, devienne plus
ferme que celle de Jayne, affaiblie par les
psychotropes. Malgré son alcoolisme et ses
excès, Jayne Mansfield, élevée sévèrement par
une mère institutrice presbytérienne, appli-
quait une main sérieuse à ce qui comptait
le plus à ses yeux : les minutes d'un destin
machiné par elle-même.

C'est dans les trois albums du Waldorf
Astoria qu'on peut découvrir les suites de sa
mésaventure du 20 octobre 1966 et les

minutes officielles de la descente aux enfers de 1967.

Certains échos des 21, 22, 24 et 26 octobre ont été conservés. Ils ont été prélevés dans de petits périodiques régionaux compilant les informations des agences de presse et non dans la grande presse quotidienne. Jayne Mansfield observait un protocole d'archiviste précis, et le verso d'une page lui servait par un artifice de montage à développer en mineur le thème de la page précédente. Alors que les quelques rectos épargnés par l'homme au Polaroïd laissent place à des articles de plus de deux mille mots clairement ordonnés, les versos rassemblent des mosaïques d'articulets ou de simples colonnes, parfois réduits à des paperoles proustiennes pliées en accordéon comme du papier d'Arménie. La période qui couvre les sept derniers jours du mois d'octobre représente trois versos complets.

Une dizaine de brèves datées du 21 octobre rendent compte de la soirée de gala du SFIFF sans évoquer le scandale. Ce sont les robes de Jayne Mansfield et de Carroll Baker qui tiennent la vedette. À partir du 23, la curée

commence. Grande question sans réponse :
Jayne Mansfield était-elle ou non invitée au
SFIFF ? Le contenu de l'album de New York
ainsi que les recherches complémentaires,
dans les archives des journaux manquants, par
exemple le *Los Angeles Times* ou le *Los Angeles
Enquirer*, ne permettent pas d'éclairer le
mystère. Les journalistes reprennent la version
des festivaliers jusqu'à une conférence de
presse donnée par l'actrice le 24 octobre. Les
trois biographes (qui ne consacrent guère plus
d'une ligne ou deux à l'événement) affirment
le contraire. May Mann évoque plusieurs
billets d'avion fournis par les organisateurs,
mais quarante-cinq ans plus tard, l'affaire
reste mystérieuse. Le scandale créé par la robe
de Jayne Mansfield permit aux festivaliers
d'affirmer qu'elle s'était imposée. On les crut
parce que ce genre de raid était dans la
manière de l'actrice. Un quotidien (titre et
date indéchiffrables) paru dans l'Illinois après
la conférence de presse du 24 octobre rappelle
à cette occasion certains des exploits passés.
En 1954, son premier coup de publicité, à
l'initiative de son manager Jim Byron (Destiny
Inc.), avait consisté à voler la vedette à Jane
Russell lors d'une séance photo en Floride.

Cinq ans plus tard, une image célèbre la montre se livrant au même exercice avec Sophia Loren, lors d'un dîner offert aux stars italiennes chez Romanoff à Beverly Hills. L'article, assez perfide, révèle que quelques mois avant son expulsion du SFIFF, elle avait réussi à s'imposer sur les plateaux d'une émission de soutien à la guerre du Vietnam organisée autour de son ancien partenaire, le fantaisiste Bob Hope. Jayne Mansfield se comporta jusqu'au bout en starlette agressive, répétant sans marquer aucune évolution les scénarios qui lui avaient permis de percer à l'âge de vingt-deux ans. Ce qui laisse soupçonner une compulsion répétitive d'origine névrotique et marque aussi, selon le journaliste, son style.

La présence de Carroll Baker peut avoir suffi à déclencher le processus. La rivalité des deux actrices datait du Golden Globe de 1957, que Mansfield avait raflé contre Baker et contre Natalie Wood pour *Les Naufragés de l'autocar*. La victoire ne l'avait pas calmée. Au contraire. Mansfield avait convoité le rôle de Harlow depuis le début de sa carrière. Dès le 23 avril 1956, date de la seconde et dernière couverture que lui consacrerait *Life Magazine*, elle déclarait à l'interviewer : « *Life is a big waterfall. I want to freeze at the top. Just like Jean Harlow did. Her life reminds me so much of that beautiful poem by Kelly* (sic) *and Sheats* (sic) *about the athlete who died young* [1]. »

Avant même que Jerry Wald, un des patrons de la Fox, ne lui promette le rôle en février 57, elle s'estimait l'héritière légitime de la *platinum blonde*. En dehors du peroxyde d'hydrogène, n'avait-elle pas emprunté à Jean Harlow la couleur rose de sa première voiture, une Jaguar XK 120, et la teinture rose du caniche royal qu'elle traînait sur les banquettes de zèbre bleu du cabaret El Morocco, ce printemps-là ? John Peronna, le patron d'ElMo, ne voyait-il pas en elle la *blondissime* réincarnée et John Peronna n'avait-il pas connu Jean Harlow, sa cliente à l'époque où le cabaret de la 54ᵉ Rue n'était qu'un speakeasy ? Jean Harlow, elle-même héritière des *flappers* new-yorkaises, annoncée dans une prophétique interview donnée par Scott Fitzgerald en 1921 au magazine *Shadowland :*

---

1. « La vie est une immense cascade. Je voudrais rester figée au sommet. Comme Jean Harlow. Sa vie me fait tellement penser à ce merveilleux poème de Kelly *(sic)* et Sheats *(sic)* sur l'athlète qui était mort jeune. »

« une vamp blonde avec une mentalité de bébé ».

Une telle transmission valait tous les cours de théâtre. Jayne Mansfield ne se considérait pas comme une simple comédienne à la Carroll Baker, elle était une *movie star*, la dernière réincarnation de la divinité cinématographique : une vamp blonde avec une mentalité de bébé. Quatre cents couvertures de magazines et le suicide de Marilyn Monroe en 1962 n'avaient fait qu'entretenir l'illusion.

L'arrivée de Jayne Mansfield sur les marches de l'hôtel Fairmont, où devait avoir lieu le dîner d'inauguration, ne manqua pas d'attirer l'attention de la presse :

« Miss Mansfield a fait une apparition spectaculaire à la soirée d'ouverture de vendredi. Elle portait une robe noire ou plutôt deux morceaux de tissu noir liés sur chaque flanc par des cordonnets. Apparition de courte durée puisqu'elle a disparu avant le début du dîner.

« Herb Caen a donné une curieuse explication de ce tour de magie dans sa colonne du lendemain. Miss Mansfield lui aurait déclaré ingénument : "Chéri, j'ai eu un petit coup de pompe, je

*suis montée dormir cinq minutes dans ma
chambre… et je me suis réveillée à six heures du
matin !" »* (Los Angeles Examiner, *édition du
23 octobre.*)

Il était désormais clair qu'elle avait été
expulsée. Les descriptions les plus fantaisistes
de sa tenue de soirée allaient circuler dans la
presse populaire, un journaliste canadien
en arriverait même à écrire que la Blonde
Explosive était arrivée torse nu avec deux
chihuahuas sur les seins. Il s'agissait en fait de
la tenue de scène numéro 006 qu'elle portait
un mois plus tôt pour son show intitulé
« Night-club Revue » à l'hôtel-casino Fremont
de Las Vegas, une tunique de crêpe noire à
tombés en queue de cygne, entièrement lacée
sur les flancs. Les ajourages révélaient qu'elle
ne portait aucun sous-vêtement. Dans le
film *Female Trouble* (1973), de John Waters,
l'actrice comique Edith Massey exhibe une
robe de style SM en vinyle laqué assez comparable à celle-là.

May Mann, superstitieuse, voit dans ces
robes à jours latéraux un présage sinistre.
Selon elle, leur apparition sur le corps de Jayne
Mansfield annonçait troubles et désordres.

Sont cités en exemple le dîner du nouvel an 1966 où elle s'était exhibée saoule chez un religieux mondain, le rabbin Nussbaum et sa femme (le couple avait converti Elizabeth Taylor aux joies du judaïsme), ainsi qu'une soirée pénible donnée en l'honneur de l'acteur comique Joe Brown (celui qui épouse le travesti Jack Lemmon dans *Certains l'aiment chaud*). Deux cent cinquante jours après le gala du SFIFF, le 28 juin 1967, chez Gus Stevens, lors de son dernier show avant l'accident, elle choisit une silhouette du même esprit et provenant de la même panoplie. Cette seconde pièce en stretch satin blanc optique sortait elle aussi des ateliers de Walt Emerson. Elle comportait une variante d'importance : des ajourages en bouche de tragédie sur les flancs remplaçaient le laçage *chaps rodeo*, évitant un effet disgracieux que certains journalistes présents au gala du 20 octobre avaient dénigré. On retrouva cette robe blanche, intacte, lors d'un inventaire du coffre de la Buick réalisé le 30 juin 1967 à la demande de Vera Peers. Elle ne se trouvait pas dans une valise mais dans le grand sac verni blanc près de l'album et d'un livre, l'un des deux seuls jamais recensés dans tous les inventaires : *Story of O* de Pauline Réage. L'inventaire se justifiait par la recherche de ses bijoux, retrouvés ultérieurement dans le compartiment moteur.

Comme prévu, l'expulsion permit au « manager » David Sacks de jouer les vedettes. Le coup bas lâché par le petit chef de KGO est repris dans tous les articles :

> *Elle n'était pas invitée. Elle est venue de son propre chef. Elle n'était pas la bienvenue. J'ai fini par m'approcher d'elle et lui dire la vérité : « Madame, je ne sais pas combien vous pesez en ce moment, mais quelle que soit votre surcharge je suis prêt à en payer la taxe pour que vous déguerpissiez. » Je pense que ça serait positif pour notre festival de bénéficier de la présence de quelques starlettes sexy comme à Cannes. Mais à mon sens, Miss Mansfield ne relève pas de cette catégorie.*

L'insulte donna lieu à des mises au point que Jayne Mansfield s'empressa de coller dans son album avec ce sens méticuleux du scandale et ce mépris byronien de sa réputation qui devaient l'accompagner jusque dans la nuit du 29 juin.

Suit une avalanche de brèves le 25 octobre. Dans l'après-midi du lundi 24, en plein milieu du festival, Jayne Mansfield se trouvait toujours à San Francisco (alors qu'elle avait quitté le Fairmont la veille à 17 heures). Elle organisa une conférence de presse, exercice dont elle était coutumière. Ses biographes en donnent des dizaines d'exemples. Celle-ci eut lieu dans l'appartement de son amie Lucia Halsey, au 1750 Taylor Street sur Russian Hill, dans l'ultraluxueuse résidence des Royal Towers.

Selon le *Miami News*, qui fera un reportage sur l'affaire dans son édition du 25 octobre, Jayne Mansfield, vêtue d'un tailleur lamé argent ultracourt, de bottes en daim pourpre et de gants couleur piscine, affirma devant la presse n'avoir jamais rencontré ce monsieur Sacks. Son staff exhiba alors quelques invitations afin d'étayer son propos. Elle laissa ensuite la parole à Samuel Brody qui affirma à la dizaine de journalistes présents :

« *Miss Mansfield is not looking for publicity in this matter*[1]. »

Puis, réponse de Jayne Mansfield en forme de pouf-perruque à une question perfide concernant d'éventuelles ambitions pour l'avenir :

> « *I'd like ten more babies and ten more chihuahuas and a few Academy Awards. My critics tell me I have the potential as a dramatic actress. That is if I live that long. Meanwhile, I enjoy being a sex symbol and making people happy*[2]. »

À l'heure des rafraîchissements, les journalistes partirent admirer du balcon la vue somptueuse qui domine la baie et l'île d'Alcatraz. Un retardataire en profita pour jeter un coup d'œil sur les invitations. Selon le journaliste du *Miami News*, les cartons avaient subi

---

1. « Miss Mansfield ne désire pas communiquer sur ce sujet. »

2. « Je voudrais dix bébés de plus, dix chihuahuas de plus, et quelques Oscars. Les critiques disent que j'ai du potentiel comme actrice de comédie dramatique. Enfin, si je vis assez longtemps... En attendant, ça me plaît bien d'être un sex-symbol et de rendre les gens heureux. »

144

des surcharges recouvrant le nom de la vraie destinataire, une actrice de second plan : Polly Bergen.

Fait troublant, Polly Bergen est créditée au générique d'un long métrage tourné quinze jours après, *A Guide for the Married Man*, réalisé par l'ancien danseur Gene Kelly. Il s'agit du dernier film de Jayne Mansfield sorti avant sa mort. On est loin des ambitions annoncées plus haut. Voici la critique qu'en font ses seuls biographes français dans leur monographie sur l'artiste (*Jayne Mansfield*, par Jean-Pierre et Françoise Jackson, Edilig, 1984).

> Guide pour mari volage *est une comédie conventionnelle et poussive qui doit à Walter Matthau ses rares bons moments.*
>
> *Jayne s'y exhibe quelques minutes dans un sketch d'une laideur incroyable où elle n'a pratiquement rien à faire. Elle est censée avoir égaré son soutien-gorge quelque part et le cherche mollement en compagnie de Terry-Thomas, qui se fait un tel souci à l'idée que sa femme le retrouve qu'il vieillit à vue d'œil.*

Jayne n'y figure pas à son avantage, portant sa choucroute invraisemblable et un peignoir quelconque.

Les critiques de l'époque, découpées par Jayne dans le *New York Times* (27.5.1967), *Variety* (19.4.1967) ou le *Motion Picture Herald* (14.6.1967), se montrent plus bienveillantes, même si son *cameo* est à peine évoqué.

Il s'agit des seuls comptes rendus cinématographiques des trois derniers volumes. Le reste est occupé par le scandale et les faits divers.

Les neuf mois qui séparaient Jayne Mansfield de sa fin s'ornèrent d'une série de malheurs qui suscitèrent des masses d'articles. À feuilleter les pages préservées de ces albums, la malédiction de LaVey prend un relief particulier.

• Un premier incident est évoqué par un journal canadien *(The Toronto Eagle)* à propos d'un voyage à Vancouver qui eut lieu dans les tout derniers jours d'octobre. On y voit la photographie d'un chef indien de la tribu musqueam, l'air courroucé sous sa coiffe de plumes traditionnelle. D'après l'article, assez malveillant, Jayne Mansfield et son avocat (Sam Brody) seraient arrivés avec plus de quatre heures de retard à une cérémonie, provoquant la colère de la délégation indienne. Jayne, la main bandée, ivre, aurait invoqué comme excuse un accident de voiture.

• Le 14 novembre 1966 au festival du film d'Acapulco, nouvelle expulsion de Jayne Mansfield pour tenue indécente.

• Le 23 novembre 1966 commence l'affaire du zoo Jungleland. L'accident survenu au fils cadet de Jayne, Zoltan, va occuper la presse nationale et internationale pendant plus d'un mois. La première vague d'articles va concerner l'accident proprement dit : attaque du lion, transport de Zoltan au Conejo Valley Hospital de Thousand Oaks. Intervention chirurgicale de sept heures.

• Une seconde vague (entamée au début de décembre) verra le début des procédures engagées par Brody contre le patron du zoo.

• Une troisième vague concernera la méningite cérébro-spinale consécutive à l'infection due à la morsure ainsi qu'à une pneumonie contractée par Jayne à l'hôpital. Un motif fictif d'après ses biographes, qui cachent son éviction pour tenue scandaleuse due à l'absorption de LSD 25 dans les murs de l'hôpital. Raymond Strait rapporte qu'elle se serait réfugiée nue dans un placard en prétendant être poursuivie par des serpents.

• Une quatrième vague sanctionnera le happy end. Noël de Zoltan organisé le 23 décembre, jour de sa sortie de l'hôpital devant trente journalistes au rez-de-chaussée du Palais Rose. D'après May Mann, l'enfant encore très affaibli a été victime d'un malaise à la suite de cinq heures de séances photos imposées par sa mère. Cet acharnement s'explique par une série de procédures lancées par Matt Cimber et Mickey Hargitay pour retirer à Jayne la garde de ses enfants.

• Le 4 janvier 1967, l'album commence par l'annonce du départ de Jayne Mansfield pour le Vietnam.

• Le 16 janvier, Sam Brody réclame 1,6 million de $ de dommages et intérêts au zoo Jungleland.

L'album de janvier-février 1967 est très endommagé. Il semblerait que l'amateur de polaroïds de nus de femmes de couleur ait renversé plusieurs litres de café, de vin, de sang ou d'un autre liquide coloré sur l'ensemble des pages, ce qui a entraîné une grande dégradation du support, rendant illisible la plupart des articles.

• Le 27 février 1967, *Newsweek* fait un bilan négatif et ironique de la tournée de soutien de Jayne Mansfield aux troupes américaines engagées au Vietnam. À la suite d'un différend concernant la charge utile des hélicoptères, l'actrice aurait quitté brusquement les bases pour se rendre au Japon. La hiérarchie aurait refusé qu'elle se fasse accompagner de trois personnes : son manager (Sam Brody) ainsi que deux coiffeurs. Un des « coiffeurs », de style hippie, semble pouvoir être identifié comme son nouveau secrétaire, fournisseur de LSD, qui sera arrêté au Japon trois jours plus tard pour possession de marijuana.

D'après le bureau de presse des marines, les prestations de Jayne Mansfield (qualifiées de « décevantes ») se seraient réduites à « accepter » des photos et des autographes. Aucune performance scénique n'a été assurée.

• Le même jour, l'épouse de Sam, Beverly Brody, révèle que Jayne Mansfield est la quarante et unième femme avec qui son mari se livre à un adultère avéré. Les quarante autres ne sont pas nommées par le journaliste du *National Enquirer*. Mrs. Brody avance que son mari et Jayne ont commis l'adultère à Los Angeles, à San Francisco, au Canada, au Mexique, au Japon et au Sud-Vietnam.

• Le 10 mars 1967, un entrefilet du *Los Angeles Times* annonce que Jayne Mansfield poursuit Beverly Brody et Matt Cimber pour harcèlement téléphonique.

• Le 27 mars 1967, le même journal revèle dans un article d'une colonne que l'actrice réclame 345 000 $ de dommages et intérêts à son mari, Matt Cimber (futur réalisateur du film *Butterfly* avec Pia Zadora) pour l'avoir « battue et mordue au visage et à la poitrine ».

• Le 14 avril, *Variety* rapporte que Don Arden, le tourneur de Jayne Mansfield en Angleterre (et accessoirement père de la future Mme Ozzy Osbourne, leader du groupe rock Black Sabbath), a rompu le contrat qui le liait à l'actrice. Motifs invoqués : retards constants, oublis répétés de ses costumes de scène et marques corporelles de type hématomes rendant l'actrice inapte à porter les vêtements légers nécessaires à sa prestation.

• Le 18 avril, *The Sun* révèle que Jayne réclame 90 000 $ à Don Arden pour rupture de contrat.

• Le 23 avril, un quotidien irlandais rapporte que le spectacle de Jayne Mansfield au Mount Brandon Hotel de Tralee a été annulé à la demande du clergé. Et ce malgré le don de 2 800 $ fait par l'actrice à un orphelinat local. Sur la photo illustrant l'article, on découvre Jayne allumant un cierge en compagnie de Sam Brody.

• Le 2 mai, Sam Brody est jugé au tribunal d'Uxbridge (G-B) pour avoir tenté d'introduire sous le manteau en Angleterre, le

27 mars précédent, deux chiens de race chihuahua (Popsicle & Momsicle). Il plaide coupable avec la circonstance atténuante que les chiens s'étaient cachés d'eux-mêmes sous un manteau de fourrure pour se protéger du froid. Condamné, il ne peut s'acquitter des 140 £ d'amende *(The Sun)*.

• Le 19 juin, début de l'affaire Jayne Marie. Le *Los Angeles Examiner* relate qu'une demande de protection a été déposée auprès de la police par la fille aînée de Jayne Mansfield, âgée de seize ans. Dans la nuit du vendredi 16 juin, elle s'est présentée au poste de police de West Los Angeles et a déclaré à l'officier de garde, le sergent Shirley Maxwell, qu'un ami de sa mère (Sam Brody) l'aurait battue avec une ceinture de cuir à la demande de cette dernière (*Los Angeles Examiner* du 19 juin 1967, repris par une bonne partie de la presse nationale).

• Le 23 juin, la justice confirme le placement de Jayne Marie chez des proches en attendant le jugement prévu pour début juillet. Le *Los Angeles Times* précise que le juge Joseph A. Srankle Jr. a ordonné que

152

soient prises des photos pour constater les traces de violence sur le corps et sur la bouche de l'adolescente. *Revealed*, dans son numéro de la semaine en cours, révèle que le différend entre Jayne Mansfield et sa fille aurait éclaté à la suite de la découverte d'un homme nu dans la chambre de Jayne Marie. Information confirmée par Raymond Strait, qui suppose même que cet homme était destiné à Jayne. Un autre témoin avance qu'il s'agirait d'une affaire de vol d'amphétamines. Jayne Marie aurait dérobé une poignée de cachets de Dexedrine à sa mère. Selon l'agence de presse Associated Press, un psychologue, « ami » de l'actrice, confirme que Jayne Marie et sa mère ont un important « problème de discipline ». Il s'agit du docteur Murray Banks, auteur quelques années plus tard d'un best-seller traduit en français sous le titre *Arrêtez la terre de tourner, je veux descendre.* C'est le même Murray Banks qui (selon le *Los Angeles Examiner* du 24 novembre 1966) aurait libéré Zoltan des griffes du lion.

La séparation d'avec Jayne Marie fut certainement un important facteur de désordre pour sa mère. Hormis les troubles moraux, pointait la menace d'un nouveau procès qui risquait de faire perdre à Jayne Mansfield la garde de tous ses enfants. Par ailleurs, ce témoin des premières heures de sa gloire était depuis longtemps sa petite main pour la confection des albums. Il est symbolique que ceux-ci s'arrêtent au moment de la crise du 16 juin. Treize jours avant l'accident.

Le 17 juin, Sam Brody perdit le contrôle de sa Maserati sur Sunset Boulevard à quelques numéros du Palais Rose. Aucun journaliste ne s'intéressa à cette dépêche. Dans les papiers retrouvés dans le dernier album du Waldorf se trouve une feuille volante. Un papillon d'un garagiste de Bel Air pour le dépannage de l'épave. Au dos, la main de Jayne a tracé un autoportrait orné d'une étoile à cinq branches doublement cerclée. Le personnage féminin (Jayne) très abondamment chevelu brille du regard panique qu'on retrouve dans les peintures de schizophrènes et dans certains dessins du sataniste Aleister Crowley.

En dessous du pentacle à la vignette humaine, Jayne Mansfield a écrit de son écriture caractéristique, très ornée, pleine de cœurs, de volutes et d'arabesques, son nom et l'adresse du Palais Rose (Jayne Mansfield, 10100 Sunset Blvd, 90024 California). Telle une enfant perdue ou un aliéné qui a peur d'oublier comment il se nomme et où il habite.

• Le 23 juin, un premier encart publicitaire dans la presse annonce les shows de Jayne Mansfield au Gus Stevens' Supper Club de Biloxi. Le spectacle est programmé jusqu'au 4 juillet, à raison de deux représentations par soirée.

• À la dernière page de l'album de New York se trouve une enveloppe brûlée par le temps et le soleil. Elle contient une photo et une feuille de papier pelure bleu où a été dactylographié à la machine à écrire un court et énigmatique poème en latin de cuisine, mâtiné de français :

La couronne de Jayne Mansfield

Rutili tui adorantur a me
In capilli capite vulso
O mon âme.

Le poème est signé en anglais :
Claude, the latinist hairdresser.

La photographie se présente sous la forme d'un tirage noir et blanc argentique provenant d'une série prise en Floride en 1955. Les bords sont cornés et le cliché est rangé sous une feuille protectrice en papier cristal déchiré. Jayne Mansfield porte des cheveux courts à la Jean Harlow et un maillot de bain une pièce. En arrière-plan, on distingue un angle du bassin de natation ainsi que la façade en verre et acier nid-d'abeilles d'un bâtiment de style moderne.

Au pied de l'actrice pointe le col d'une bouée de natation enfantine ornée d'un canard en proue. (D'autres photos de la même série représentent l'actrice nageant dans le bassin, ceinte de la bouée canard en brassière.)

Au dos de la photographie, sous un tampon estampillé *Jim Byron Destiny Incorporated*, la même main qui a signé le poème en latin (celle de Claude le coiffeur latiniste) a calligraphié cette citation d'un écrivain français :

Ton affaire en ce monde n'est ni d'assurer le salut d'une âme assoiffée de paix, ni de procurer à ton corps les avantages de l'argent. Ton affaire est la quête d'un inconnaissable destin. C'est pour cela que tu dois lutter dans la haine des limites – qu'oppose à la liberté le système des convenances. C'est pour cela que tu devras t'armer d'un secret orgueil et d'une insurmontable volonté. Les avantages que t'a donnés la chance – ta beauté, ton éclat et l'emportement de ta vie – sont nécessaires à ta déchirure.

6

Jusqu'à sa destruction en 1987, le Gus Stevens' Supper Club dressait une enseigne rouge et jaune en forme de thon géant sur la grande plage de Biloxi, une vaste étendue de sable artificiel qui s'étire en bordure de la route US 90. Visible à des kilomètres à la ronde, le poisson de néon appartenait au patrimoine local, symbolisant l'élégance clinquante et boucanière de la cité balnéaire du golfe du Mexique. Les historiens du vieux Biloxi reproduisent des vues du restaurant parmi des cartes postales colorisées offrant aussi la découverte de monuments plus prestigieux tels que The Beauvoir House, le Golf ou l'Edgewater Park Hotel. Gus Stevens, de son vrai nom Gustave Steven Kouvarakis, était un fils d'immigrant grec né aux États-Unis en 1912. Le faire-part de décès, datant de 1998, présente Gus comme un notable. D'après les témoignages de ceux qui l'ont connu, c'était un dur. Le genre de travailleur acharné qui ne pardonne rien au personnel. Quarante-cinq ans après, une serveuse licenciée raconte que le job était infernal et Gus si avide qu'il avait installé une machine à sous dans l'office pour récupérer l'argent à peine lâché à ses employés. Un voisin n'a pas oublié non plus qu'en 1969, au lendemain du terrible ouragan Camille, Gus était le seul à conserver de l'eau potable dans la zone et qu'il avait installé sur le parking de son établissement un comptoir extérieur où l'on pouvait se procurer un verre d'eau pour 50 cents. Si Gus ne respirait pas la générosité, il ne se montrait jamais avare de sa personne, aidant à la vaisselle lorsqu'il y avait un coup de feu, ce qui lui permettait de surveiller les extra. Après la mort de Jayne Mansfield, un accident qui allait lui coûter 110 000 $ de dommages et intérêts, cet homme peu sentimental força sa fille à abandonner l'enfant qu'elle attendait du chauffeur. Comment aurait-il pu rendre heureux les soixante employés saisonniers qui formaient le personnel de cette grosse entreprise ? Au plus fort de la saison, le restaurant employait jusqu'à quarante-quatre serveuses, sept chefs de rang, une quinzaine de plongeurs et trois voituriers.

La petite scène où Jayne Mansfield se produisit le soir de sa mort, située à gauche de l'établissement après le bar boucanier, pouvait satifaire un public de sept cents personnes. En dépit de quelques articles charitables parus dans la presse locale au lendemain du crash, il semblerait que ce soir-là Jayne Mansfield n'ait attiré qu'une centaine de spectateurs et qu'elle ne les ait guère satisfaits.

Le spectacle du 28 juin était la cinquième séance d'une série de dix représentations pour lesquelles elle percevait un cachet global de 10 000 $.

Le circuit des Supper Clubs nourrissait une partie non négligeable de son énorme appétit financier. Dans une interview datant de 1966, elle annonçait une somme de frais fixes journaliers de 1 000 $ (4 000 euros d'aujourd'hui). Selon tous ses proches, Jayne Mansfield donnait dans le travers d'exagérer et d'embellir, et d'après son secrétaire, la somme de 700 $ paraît une bonne évaluation. L'arrivée de Sam Brody avait aggravé ses affaires après les avoir arrangées dans un premier temps. Un début d'histoire d'amour coûte cher et Brody, qui avait claqué des fortunes, ne plaidait plus depuis plusieurs mois. Réputée avare, Jayne se trouvait encore pourvue à sa mort. Au jour de la clôture définitive, les différents comptes bancaires présentaient un solde créditeur de 350 000 $. Ce qui ne veut pas dire que le patrimoine de l'actrice n'avait pas fondu depuis que Sam se trouvait sans revenus. Brody était couvert de dettes à cause de différents voyages en Europe, de l'escapade au Vietnam et de nouveaux déboires comme le procès intenté par sa femme et une série d'accidents corporels. Le dernier en date lui avait valu plusieurs os cassés et la destruction de sa Maserati Ghibli. Le prix de la voiture (30 000 $) devait lui être remboursé en principe par l'assurance après expertise, mais il n'avait pas payé l'assurance et des lettres de résiliation avaient été envoyées. Le Caesar Palace de Las Vegas lui réclamait depuis septembre 1966 15 000 $ d'impayés et il avait néanmoins trouvé le moyen de payer le 17 juin une note de plomberie pour le Palais Rose d'un montant de 13 448 $. Ce qui lui permettait depuis quelques jours d'affirmer lors de leurs disputes que la maison lui appartenait. En réalité, plus rien n'appartenait à Sam et sa vie moins que le reste.

À la fin du printemps 1967, Jayne Mansfield se retrouvait dans une situation qu'elle connaissait bien : elle devait entretenir un homme en plus de toute une famille. Ce rôle, dont elle n'avait cessé de se plaindre depuis le début de sa carrière, lui permettait de mettre à l'épreuve la capacité d'un amant à la dominer physiquement. Ses trois maris précédents avaient échoué mais Brody, qui avait tout brûlé pour elle, se montrait plus coriace.

Un symptôme du trouble mental dont souffrait Jayne Mansfield les derniers temps était sa saleté physique. Depuis que la réalité s'acharnait à dénoncer sa volonté de puissance, elle n'avait pas réussi à reprendre les habitudes d'ordre et d'hygiène qui étaient les siennes au début des années 60. Il est notoire qu'un caractère obsédé peut passer d'un extrême à l'autre. La ménagère ultrabriquée des années 50 avait fait place à une artiste de cabaret mal soignée. Ce qui ne veut pas dire que les deux personnalités n'entraient pas en conflit dans des moments de crise. La veille de son départ pour Biloxi, elle avait passé la nuit à ranger le Palais Rose. Le narcissisme et l'alcool aggravaient le désordre. Le goût de l'accumulation, le caractère chiffonnier de sa névrose transformaient tout espace qu'elle occupait en une chambre d'enfant gâté que ses parents auraient enfermé sous clé dans une nursery-prison.

D'après Elaine Stevens et Shirley Scarchili, « directrice artistique » du Supper Club, la « loge » que Gus Stevens mettait à la disposition des artistes avait tout d'une cellule, elle se réduisait à un placard sordide et nu, meublé d'une chaise de salle déclassée, d'une table de cuisine en formica jaune et d'un miroir de maquillage dont les ampoules n'étaient changées qu'en cas de plainte. La ménagerie d'animaux en peluche que Jayne traînait partout avec elle depuis sa rencontre avec Brody ne suffisait pas à égayer les murs pisseux. La part de la personnalité de Jayne Mansfield qui jouait pour les autres le rôle d'une star sur le déclin voulait discerner dans ce manque d'égards une forme de cruauté, une manière de se venger des 10 000 $ dont le Grec devait lui verser un troisième acompte ce soir-là. Jayne Mansfield connaissait Gus

Stevens, le Supper Club de Biloxi, et ses coulisses miteuses pour les avoir occupées quatre ans plus tôt, en mai 1963, lors d'un précédent passage avec l'artiste de cabaret brésilien Nelson Sardelli, son amant du moment. Mais depuis qu'elle avait rencontré Brody, plus rien n'était comme avant. En bien ou en mal, tout était à la fois plus intense et plus crépusculaire.

Ce taudis lui rappelait les décors de *Single Room Furnished*, un des plus mauvais films qu'elle ait jamais tournés, un mélodrame où elle jouait le rôle d'une teenager délaissée par son séducteur et devenue prostituée. Elle aimait revenir à ce naufrage parce qu'il était l'œuvre de Matt Cimber, l'homme dont elle n'était pas encore divorcée. La souffrance qu'elle provoquait chez Sam en prononçant le nom de Cimber la rendait heureuse. Avec un sens du dénigrement qui aiguisait son plaisir, elle décrivit à Sam le postiche que Cimber l'avait forcée à porter pour le rôle. La présence insolite sur sa tête de cette perruque méchée brune à la Shangri-Las ne suffisait pas à la transformer en teenager, plutôt en travesti mexicain.

Single Room Furnished sortit en avant-première dans une seule salle de l'Arizona un an après sa mort, le 21 août 1968, avec un montage bâclé précédé d'une séquence où le journaliste Walter Winchell présente la morte comme une des artistes « les plus sympathiques » de Hollywood, une « vraie amie » et une « vraie star ». D'après son biographe, Neal Gabler, Winchell aurait accepté de réciter ce commentaire pour régler une note de dentiste. Quand l'inventeur du *pink journalism*, totalement détruit par le retour d'âge, mourut à son tour trois ans plus tard, il n'y eut que deux vrais amis et aucune star pour prononcer son éloge à l'enterrement. La dernière image du film montre Jayne Mansfield déchue devant son miroir. La bande-son (post mortem) reproduit un bruit d'accident de voiture.

À contrecœur, Gus s'était résigné à déclasser pour Brody une seconde chaise de la salle du restaurant. Malgré son plâtre, l'avocat avait dû plaider pour l'avoir. Stevens était de ceux qui se méfiaient de Sam au premier regard et le détestaient dès qu'il ouvrait la bouche. Il avait délégué sa fille

Elaine pour les chaperonner, de crainte qu'ils ne cassent le matériel.

Jayne Mansfield déclara à la cantonade (c'est-à-dire à Sam, à Elaine et aux peluches) qu'elle partait se soulager en salle dans les toilettes réservées à la clientèle pour éviter « les chiottes pourries que l'enculeur de Grec (incidemment le père d'Elaine) réservait à ses enculés d'esclaves ». Brody prit sur ses genoux une panthère rose, effigie d'un film célèbre, et s'efforça d'introduire la queue de l'animal armée d'un fil de fer entre la chair tuméfiée de sa jambe et le plâtre. La chaleur humide et salée de Biloxi ne réussissait pas au blessé. Il avait la certitude que des vers ou des insectes à pattes grouillaient sous son plâtre. Il souffrait de démangeaisons nerveuses que ne soulageaient ni le whisky ni le champagne américain du Grec. Il poussa un soupir de soulagement lorsque l'appendice fourré caressa un endroit très sensible, le long des éraflures qui cicatrisaient difficilement sous l'étuve du plâtre. Il prit garde cependant à ne pas frotter trop fort car il avait une peur panique des maladies. Une odeur de pourri remonta par l'interstice. Il n'osait plus remonter la queue de la panthère qui semblait accrochée à sa jambe comme un grigri disproportionné. Il fouillait sa poche à la recherche d'une torche électrique montée en porte-clés quand Jaynie revint dans la loge.

Posant la croupe sur le plateau de la table à maquillage, elle fixa Sam d'un air de mégère shakespearienne, sans mot dire. Elle se trouvait en pleine *scoosa hour*. Depuis sa courte et mauvaise prestation, il était clair qu'elle s'en voulait. Elle avait chanté et dansé (ou selon ses propres termes « montré son cul ») douze minutes seulement au lieu des trente prévues par le contrat. Le Grec allait encore fulminer et elle regrettait d'avoir abandonné la scène et le public pour contempler un défoncé qui jouait avec une panthère rose. Les peluches, les chiens et les enfants appartenaient à sa sphère personnelle, soumise à une loi d'interdiction aux autres et surtout à ses amants. Le LSD avalé sans mesure depuis des mois rendait les sautes plus difficiles à contenir. Une simple *scoosa hour* d'antan avait tendance à s'étaler. *Scoosa 24 hours.* Elle haïssait les hallucinogènes qui avaient accéléré sa chute et, contre toute honnêteté, elle en tenait Sam pour responsable. Les sucres infectés ayant traîné partout chez elle (jusque dans le sucrier) il n'était pas rare que toute la maisonnée rechute en même temps. Jayne Marie ou Linda, la femme de chambre, s'étaient plaintes d'hallucinations. La rébellion récente de Jayne Marie était une conséquence des psychotropes. La faute de Sam aussi, qui avait battu l'adolescente à coups de ceinture. Sam n'avait pas l'excuse de la drogue pour mal agir, il était tout simplement mauvais. Le malheur incarné. Monsieur LaVey l'avait bien dit.

D'entre ses seins surgit le petit museau hostile de Princess Jewel qu'elle trimbalait partout ce soir-là. Le chihuahua portait un minibonnet à pompon en tartan rouge, souvenir de leur voyage en Angleterre. Sam Brody éclata de rire. Il peinait parfois à sauver la gravité propre à la passion amoureuse devant ce déferlement de parades grotesques qui composait l'ultime avatar de Jayne Mansfield. Sans prêter attention à ce rire qui venait en écho de ceux qu'elle avait provoqués dans la salle, ni à la panthère qui oscillait comme une guenille le long du plâtre de Sam, sans paraître non plus sentir l'odeur qui envahissait le réduit pour artistes, elle demanda d'un ton calme et menaçant si le Grec avait enfin retrouvé les clés de sa voiture pour qu'elle puisse aller danser et montrer son cul aux touristes dans les boîtes du quartier français de La Nouvelle-Orléans.

Depuis que Brody était invalide, Jayne Mansfield se sentait prise de frénésie sexuelle. L'envie de danser, si présente chez celle que son ex-mari, Mickey Hargitay, présentait à la presse en 1963 à Rome comme la « meilleure twisteuse de Californie », avait atteint les dimensions d'une folie furieuse. Humilier Sam, assis sur une banquette, et l'obliger à la regarder se trémousser au milieu des hommes ou même des étudiants, lui insufflait une sorte de joie intérieure à la mesure de l'immense passion qu'elle avait pour lui.

Sam grattouillait son plâtre sans prêter attention à l'odeur qui se répandait dans la pièce. Jaynie lui demanda suavement ce qu'il cherchait. Il répondit qu'un putain de scolopendre s'était introduit dans sa blessure et qu'il cherchait la minilampe torche qu'elle lui avait offerte pour reluquer son putain de trou du cul afin de regarder dans le putain de plâtre et que sinon il allait le scier lui-même ou le casser avec un putain de marteau. Jaynie demanda à Sam combien il avait avalé de sucres au LSD et Sam lui répondit qu'elle avait vraiment la tête comme le putain de fromage blanc qui coulait de sa chatte vu qu'elle semblait avoir oublié que son putain de secrétaire hippie dont personne ne savait le putain de nom était parti avec le stock d'acide à Yokohama.

Jaynie, le ventre face au miroir, poussa le petit cri dont elle avait fait sa spécialité depuis 1953. Quelque chose comme : « ouahououah-hiii ». Elle voulait sans doute signifier par là qu'elle avait hâte d'aller chauffer la piste d'un dancing torride de La Nouvelle-Orléans. Sam leva enfin les yeux sur elle et lui fit remarquer qu'elle risquait d'écraser ou de renverser toute une pile de maquillage avec son putain de gros cul de salope. Pour toute réponse, elle remua la croupe comme elle l'avait fait un peu plus tôt sur les genoux d'un client du restaurant.

Une partie des produits se répandit sur le sol sans trop de casse. Elle remua encore et un miroir se brisa. Vif comme une cravache, Brody jaillit de sa chaise et elle se retrouva par terre au milieu de la poudre de riz et des houppettes souillées de poussière, des éclats de miroirs et des débris d'insectes. L'arma-ture métallique qui bloquait le plâtre vint commotionner le gras du bras gauche de Jaynie qui y gagna une nouvelle meurtrissure. Sam cracha les mots sur elle avec la même tension et le même abandon qu'il faisait sentir quand il jouissait dans son corps.

— *You can break all the goddamned mirrors, it's your luck. It's you and me to the death, baby, make your choice. But I'll never leave* [1].

Jayne Mansfield se mit à hurler au point d'alarmer toute la salle du restaurant. Sam tapait à son endroit à lui, sa place préférée, sous les seins lourds qu'il appelait ses pis de vache, un point précis au-dessus du ventre. Un endroit qui lui faisait si mal qu'elle vomissait aussitôt et salissait ses robes les unes après les autres. Du whisky rendu amer par la bile lui revint sur la langue, mais elle le ravala fièrement dans un geste de défi enfantin. Elle avala son vomi. Elle connaissait cette chanson mieux que les foutues merdes qu'elle avait massacrées tout à l'heure pour les

---

1. « Tu peux briser tous les foutus miroirs que tu veux, c'est ta chance que tu joues. Toi et moi, c'est à la vie à la mort, bébé, c'est toi qui vois. Mais moi, je partirai jamais. »

putains de clients sur la petite scène étroite. C'était la chanson du grand amour. Un calice.

Dix minutes après, ils seraient dans les bras l'un de l'autre, à l'avant d'une Buick neuve que le Grec aurait fini par retrouver par miracle dans son garage personnel. Il faudrait que Sam le menace de mettre le restaurant à feu et à sang pour que Stevens (qui hésitait sérieuse-ment à abattre Brody à coups de carabine à poissons) lui prête la voiture de sa femme et leur avance encore 3 000 $ en cash, qui seraient pillés ou perdus le soir même. La fixette sur la voiture avait commencé dans l'après-midi, quand Brody, déjà complètement ivre, avait vu disparaître la Rolls Corniche jaune pâle qu'il avait achetée la veille à Jayne Mansfield avec un chèque sans provision. Assommé d'impuissance, il prenait ses désirs de remboursement de l'assureur pour des réalités. La Rolls avait trôné toute la journée sur le parking. Pendant que Jayne Mansfield était à la plage avec les enfants et que Gus faisait la sieste, Sam avait réquisitionné les plongeurs du restaurant pour la nettoyer au jet et lui faire les chromes. À peine ressorti de la banque, le propriétaire était revenu la chercher.

Quand Jayne Mansfield avait découvert la disparition de la voiture, elle n'avait pas changé ses plans, insistant même sur son envie de passer la nuit à La Nouvelle-Orléans au prétexte qu'elle était invitée sur le plateau d'un talk-show de WDSU-TV le lendemain matin. Une chambre était réservée pour les enfants au Roosevelt Hotel. La vérité, tout le monde ici croyait la savoir : sa nymphomanie et son ardent désir d'humilier Brody en chauffant à blanc tous les hommes qu'elle rencontrerait. Mais l'amour physique, protecteur, intemporel de Jayne Mansfield pour Sam ressortait entre chaque crise. Un bien précieux qu'elle jetait alors au visage des autres hommes, toute cette sensiblerie de petite fille qui aurait voulu être vétérinaire et qu'elle gardait pour Sam avant de la distribuer à n'importe qui (sauf Sam) dès l'heure suivante, quand l'humeur avait changé.

Tout à l'heure, lorsque les Kouvarakis, le couple de cuisiniers grecs, des cousins de Gus, avaient cru bon d'intervenir dans la loge pour que les quelques dîneurs encore présents puissent entendre les blagues de Bob Sweeney, une star de radio locale qui assurait l'autre partie du spectacle, ils avaient trouvé

Jayne Mansfield calme et douce. Elle avait calmement ramassé les produits de beauté, les perruques poudrées, les chouchous ridicules qui s'étaient encore un peu plus répandus sur le sol. Retrouvant un instant la calme ordonnance qui était la sienne aussi, elle les avait bien rangés dans les différentes trousses et plumiers métalliques qui composaient l'intérieur de son énorme vanity blanc.

C'est grâce au contenu de ce coffret de maquilleuse trouvé dans la Buick que l'embaumeur Jim Roberts allait pouvoir le lendemain lui reconstituer un visage qui n'existerait plus. D'elle et de ce dernier maquillage, Mickey Hargitay dit à la presse le 30 juin. *« I saw her at the morgue but she wasn't here, she was gone. It was a machine*[1]. »

Puis, l'être vivant qu'elle était encore s'était occupé de Sam. Malgré l'odeur, protégée par ce goût de l'autre (ou ce reniement des sens) commun aux amoureuses, aux saintes et aux infirmières, elle l'avait aidé à regarder dans son plâtre avec la petite lampe torche. Elle l'avait

---

1. « Je l'ai vue à la morgue mais elle n'était pas là, elle avait disparu. C'était une machine. »

rassuré quand il lui avait parlé du mille-pattes qu'il avait vu bouger à l'intérieur. Elle lui avait montré qu'il s'agissait en réalité des fils de suture de la fracture ouverte et non des pattes d'un myriapode. Indifférente au dégoût de l'assistance, elle avait lavé la queue de la panthère en peluche dans l'évier à vaisselle. Puis, comme toujours, elle avait obtenu elle-même, toute seule, sans l'aide de personne, l'argent qu'on lui devait et la voiture dont ils avaient besoin. Le Land Cruiser Toyota poissonnier de Gus n'étant pas digne d'elle, il faudrait réquisitionner la Buick neuve de Mrs. Stevens. Gus avait cédé dans l'espoir de remplir mieux sa salle le lendemain soir à l'approche du week-end. L'émission de télévision allait ramener du monde et pour la publicité, Jayne Mansfield n'avait pas sa pareille. Elle avait voulu prendre le volant mais les deux hommes, pour une fois d'accord, s'y étaient opposés. Gus avait réveillé le fiancé de sa fille, un militaire prénommé Ronnie. Avec des mots vulgaires, Gus avait suggéré à Jayne qu'elle profite de la petite virée pour ramener des clients pour le lendemain soir. Brody était aussitôt intervenu pour signifier au Grec que la responsabilité des artistes n'était pas engagée au cas où sa putain de gargote à poissons restait vide tous les soirs, mais qu'en revanche il avait l'obligation de cracher la tranche de 3 000 $ qu'il s'était engagé par contrat à leur payer. Du coup, Gus ne voulait plus payer ni prêter la voiture, ni réveiller le soldat fiancé de sa fille. Jayne avait dû une fois encore tout arranger. Amputer Brody de ses ardeurs risibles pour mieux l'aider et le protéger.

Pour échapper à l'odeur de crabe bouilli qui stagnait dans la loge, Jayne Mansfield était sortie respirer un peu à l'arrière du restaurant, sur le parking. Vers vingt-trois heures trente, Elaine Stevens, qui attendait son fiancé, l'aperçut qui s'éloignait des poubelles pleines de carcasses vides et d'odeurs de sexe. Elle marchait vers la route et l'enseigne au thon géant, perdue dans ses pensées. Au-dessus de sa tête, les galaxies pailletaient le ciel comme dans un décor de *Roméo et Juliette*. Elle avait appris par cœur des scènes entières de la pièce de Shakespeare lorsqu'elle avait treize ans et qu'elle jouait toute seule, jeune cygne solitaire, à Waco, au Texas, chez les parents de son beau-père.

— *The mask of night is on my face*[1]...

Deux types assis sur un capot d'Opel Commodore la regardaient en ricanant. Peut-être l'avaient-ils reconnue ? Peut-être que non ? Comme tous les types, ils étaient attirés par la perruque, les bottes de cuir bleu et ses jambes nues jusqu'aux cuisses. Elle aimait qu'on la prenne pour une putain anonyme ou pour une nymphomane. Elle aimait que les hommes veuillent juste la pénétrer en ignorant les trésors qu'elle portait en elle. Mille vers de Shakespeare, des poèmes entiers de Keats ou de Shelley, des partitions pour violon de Tchaïkovski que sa prodigieuse mémoire de surdouée lui permettait de restituer à volonté.

— *It is my soul that calls upon my name*[2]...

Roméo et Juliette sous la nuit étoilée la ramenaient, en chantant avec tout ce qu'elle voyait, à son amour pour Sam. Elle aimait s'afficher avec lui, l'emmener partout, et que son ultraromantisme soit reconnu de tous, même pour s'en moquer. Les êtres d'exception (et les grandes *movie stars* sont des êtres

---

1. « Le masque de la nuit est sur mon visage... »
2. « C'est mon âme qui invoque mon nom... »

d'exception) doivent tout assumer d'eux-mêmes, avec la noblesse des enfants fiers de leurs jouets. L'artiste nommée Jayne Mansfield n'avait pas à se sentir gênée par les faiblesses apparentes que Jaynie laissait voir à tout le monde. Il avait fallu et il fallait toujours désapprendre toutes les bonnes manières, toutes les pudeurs que sa mère lui avait inculquées.

Dans un eucalyptus qui séchait entre le parking et l'US 90, un oiseau nocturne chanta. Elle s'approcha mais il était si petit qu'elle ne pouvait l'apercevoir dans les feuilles jaunes léchées de poussières et d'hydrocarbures. Amoureuse de Sam, elle se sentait forte et toujours capable de rattraper leurs erreurs, leurs bêtises d'alcooliques.

Elle pensa à Elizabeth Taylor et Richard Burton, ses voisins sur Sunset Boulevard depuis le printemps. Elle les apercevait parfois de la fenêtre de sa chambre et les avait invités à son anniversaire en avril, mais ils n'étaient pas venus. Elle avait toujours sur elle un mot que Liz lui avait envoyé quand Zoltan était dans le coma. Elle l'avait montré à Elaine Stevens, tout à l'heure avant le spectacle. Comme dans les films que sa mère l'emmenait voir, le visage de Sam Brody et le sien apparurent en surimpression sur les visages de Burton et Taylor. Ce beau cliché servit de portrait funèbre dans la presse du lendemain. Elle portait sa perruque favorite et le médaillon juif que Sam lui avait offert lorsqu'il avait détruit l'amulette de LaVey. Sam avait un regard sublime, celui des premiers temps... Les amants romantiques, elle l'amoureuse et lui l'alcoolique, le fou. Celui qui était capable de la traiter comme sa chienne en public et de l'aimer si follement qu'il avait tout quitté, tout perdu pour elle. Son argent, sa femme, ses deux enfants, et maintenant sa belle Maserati, bientôt son honneur, sa vie.

Avec Sam Brody, ils tenaient du mythe eux aussi. Autant que Burton et Taylor, mais ils n'étaient pas assez célèbres. Un envol qu'elle avait raté. Toujours elle péchait par là, l'envol. Marilyn avait réussi le sien. Elle, non. Cette idée la troublait. Elaine se souvient encore aujourd'hui qu'elle répéta deux fois le mot « envol ». Elle aurait voulu que la presse, les échotiers, ses amis, ses seuls parents au fond, comprennent cela. Son couple, sa grandeur. Soudain, elle eut envie de tous les appeler,

Lollie Parsons, Walter Winchell ou May Mann, pour leur raconter ce qu'elle ressentait en ce moment, cette exaltation passagère, cette remontée d'acide avec le rossignol et Shakespeare au milieu des poubelles sous le grand néon jaune représentant un thon. Même les clochards sur la Commodore, le public, avaient droit d'entrée dans l'histoire. Il fallait que la presse, le monde, comprennent à la fois tout : l'immensité de Jaynie Mansfield et de son amour pour Sam. Elle voulut en parler à Elaine, mais Elaine n'était plus là…

Quand elle était libre de rêver comme en ce moment, sans Sam, sans enfant à surveiller, avec seulement un chihuahua sur le cœur, surtout s'il s'agissait d'une aussi gentille petite poupée d'amour que cette Princess Jewel de rêve, si sage, si bonne fille pour sa mère, surtout si elle acceptait d'arrêter d'aboyer après l'oiseau dans l'arbre ou de renifler les poubelles et consentait à se taire un instant et restait tranquille contre son sein avec sa petite casquette à pompon bien calé entre ses deux mignonnes petites oreilles de vampire, tout allait vraiment bien. Elle pensait à la vie, aux étoiles, à Jayne Mansfield, et une sorte de grandeur intérieure lui insufflait de la joie. Son intelligence trop rapide, trop inquiète, gentiment réduite à l'imagination et au souvenir, lui permettait d'effacer le côté sordide de ses prestations de cabaret, le Grec, l'odeur du plâtre de Sam ou leurs haleines à tous les deux, ferreuses de whisky et de mauvais champagne. Même son état physique, calamiteux depuis la naissance de Tony, n'était plus aussi dégradé, le vent marin la soulageait du poids tiède de sa perruque sans menacer sa stabilité. L'oiseau de l'arbre poussiéreux devenait un rossignol, et Jayne Mansfield redevenait Jayne Mansfield. Elle arrivait à croire à elle-même comme un mauvais peintre qui se concentre trop longtemps sur sa toile finit par y voir des beautés qui n'y sont pas. Sam sans Sam dans le noir ressemblait encore davantage à l'homme qu'il lui fallait. À Carlo Ponti. À Richard Burton. Elle sourit en pensant que si ce talent de rêveuse lui avait manqué, elle aurait été morte depuis longtemps.

À son sourire répondirent des sifflets venus de l'Opel Commodore. Jayne Mansfield repensa aux 3 000 $, à la Buick, aux enfants qui l'attendaient à l'hôtel. Les types, l'argent, le réel, elle avait vraiment vaincu ça depuis longtemps grâce à la peur extraordinaire qui la lançait en avant. Comme toujours elle fuit au-devant du danger, jeta une œillade terrible aux deux hommes, et s'engouffra derrière la porte peinte en rouge et jaune dont le hublot était illuminé par le néon du couloir des cuisines.

Elle reçut une bouffée de vapeur parfumée au crabe. Tout l'arrière du restaurant dégageait une odeur de hotte mal filtrée. Dans la loge, elle découvrit un jeune homme inconnu. Comme il portait une tenue civile, elle n'identifia pas le militaire qui devait les conduire. Elle le prit pour un étudiant venu quêter un autographe puis, comme elle était très imaginative et qu'elle entendit parler de voiture, elle inventa un scénario selon lequel il s'agissait du propriétaire de la Rolls jaune venu rapporter la voiture en hommage. On lui avait bien offert une Rolls en Angleterre deux mois plus tôt. Jayne Mansfield adorait les cadeaux et ne comprenait pas toujours que les hommes ne lui en offrent pas davantage.

Le jeune homme avait un regard doux, il était forcément émerveillé de voir en chair et en os une *movie star* aussi célèbre. Elle attribua un manque d'enthousiasme au moment de lui serrer la main à une pudeur orgueilleuse. Ronnie (c'était son nom) ne voulait pas montrer son émotion. Jayne avait eu beaucoup d'amants étudiants ces dernières années. Elle les ramassait dans les boîtes du Sunset Strip pour faire enrager son troisième mari, Matt Cimber. Aussitôt qu'elle sentit les yeux de Sam sur elle, elle montra au garçon ses dents merveilleuses écartées comme celles d'un jeune cachalot. Obéissant à de très anciens réflexes, elle rentra son ventre, gonfla sa poitrine et s'assura dans la glace minable que son petit nœud blanc, celui-là même qui traînerait au bord de la route tout à l'heure, était bien posé au sommet de la toupie de son corps comme sur ces petits chiens anglais qu'elle aimait mais dont le nom lui échappait toujours. Porkshire, quelque chose comme ça ?

La Buick n'était pas si neuve que le Grec s'en était vanté. Jayne réclama de l'aide à Ronnie car les lampes de lecture des places arrière étaient grillées. Elle avait du retard sur ses albums, une pile de quotidiens et de magazines de la semaine en cours s'entassaient dans la chambre des enfants à l'hôtel. Elle voulait profiter du voyage pour découper et coller quelques articles. Il lui fallait aussi des timbres pour des cartes postales. Une d'entre elles était adressée à May Mann, son amie et sa future biographe, l'autre à Mickey Hargitay, le père des enfants. Comme Sam détestait May et qu'il était jaloux de Mickey, elle n'avait pas pu lui confier les cartes rédigées à la plage. Elle les avait cachées entre ses seins, sinon il les aurait jetées à la poubelle avec les crabes. Sam avait pris place à l'avant, par moments sa tête tombait, il semblait dormir. Tout le monde se rendit compte qu'il n'en était rien quand il reprocha à Ronnie de conduire comme une putain de vieille boniche créole. Il se tourna vers Jayne pour lui demander des cachets de Dexedrine, sans qu'on puisse comprendre s'il les destinait à son propre usage ou bien à celui de Ronnie, ou encore s'il voulait juste renverser le flacon dans le réservoir d'essence pour donner davantage de reprise à la Buick. Ronnie, que Sam avec son plâtre, sa frêle silhouette n'impressionnait pas, ne s'adressait qu'à Jayne. Il lui promit qu'il trouverait sur leur route à une dizaine de miles un restaurant-station-service, The White Kitchen, où l'on vendait des timbres et des ampoules.

Jayne jaugeait l'importance de sa présence à la manière pleine de précaution dont Ronnie conduisait. On aurait cru qu'il manœuvrait la voiture du pape Paul VI ou de quelqu'un de vraiment royal. Elle s'était mise à l'arrière sans réfléchir pour qu'elle et Ronnie puissent échanger des regards dans le grand rétroviseur convexe de la Buick. Elle aimait créer une émotion chez les jeunes hommes. Ils ressemblaient à des chevreaux sauvages. Elle avait une attention et une sensibilité de dompteuse, lui avait dit un jour Herta Klauser, la montreuse d'ours du cirque Ringling. Une femme extraordinaire dont on racontait qu'elle avait été la maîtresse du Prix Nobel Ernest Hemingway. Jayne Mansfield songea qu'elle aimerait bien, elle aussi, tomber amoureuse d'un Prix Nobel. Le souvenir du cirque lui rappela Anton LaVey et son lion. Tagore ? Togare ? Elle les chassa vite de son esprit. Elle préférait l'instant, la nouveauté, l'émotion de Ronnie qui résistait aux ordres de Sam (« accélère ! »), stoïque et concentré. Tout à l'heure, elle monterait à l'avant entre Ronnie et Sam et on verrait bien ce qui se passerait. Pour l'instant, elle guettait les yeux de Ronnie dans le rétroviseur et elle se regardait en même temps furtivement quand un cahot la déplaçait sur la banquette. Arrivée sur le parking de l'hôtel, elle demanda à Ronnie de l'accompagner pour l'aider à réunir les enfants et les jouets. Elle prit sa voix de Jayne Mansfield et non celle qu'elle utilisait d'ordinaire avec le personnel. Sam le perçut, le jeune homme aussi car il fit tomber les clés de la voiture par terre. Dehors, la nuit était chaude, la rampe lumineuse de l'hôtel allumée, les balcons Art déco composaient un joli spectacle. Les jets d'eau lumineux des fontaines la firent penser au Palais Rose. Sam avait payé les 13 448 $ de plomberie. Ce chèque devait être le dernier. Elle se demanda comment ils feraient l'année prochaine... Elle venait de se séparer de deux de ses agents (elle n'en avait pas moins de cinq depuis janvier 1967) qui lui réclamaient des indemnités. Puis elle repoussa tout cela. Les enfants, comme toujours, allaient l'apaiser et puis ses trois chiens d'amour l'attendaient. Le doux vent de mer venu du golfe du Mexique soufflerait désormais jusqu'à l'aube.

7

C'est en 1977 que s'éteignit l'action judiciaire concernant l'accident de Jayne Mansfield. À cette date, pour les juges, le seul responsable se nommait Ronnie Harrison.

D'après Elaine Stevens, Harrison n'était pas un danger public. Il attendait une petite fille et n'avait aucune envie de s'attirer la colère du redoutable Gus en cassant la voiture neuve de sa femme. Les responsabilités de l'excès de vitesse à l'origine du crash sont à chercher du côté des passagers. Une étude commandée par la bourse Lloyd évoque le stress occasioné par le transport de gens célèbres sous le nom de *syndrome Diana* (du nom de l'ancienne princesse de Galles). Selon les experts, la notoriété de la personne embarquée aggraverait les risques d'erreur de conduite et donc d'accident. Le statut de *star* crée un stress endogène, indépendant des encombrements suscités par la presse ou les badauds. Sont évoqués en vrac : l'impatience, la soif d'égards communes aux célébrités, des horaires souvent tardifs et irréguliers, la présence de drogue ou d'alcool dans le véhicule, un certain manque de respect de la vie humaine, ainsi que la paranoïa qui les pousse à redouter des agressions. La personne phare n'est pas seule incriminée mais aussi l'entourage, fiancé, amis, attaché de presse, qui relaient la tension et l'aiguillonnent par leur propre émoi. L'attention du conducteur est distraite, il ne peut s'abstraire et se concentrer sur la route. Des sollicitations incessantes le poussent à la panique ou à l'imprudence. Les risques d'accident sont alors augmentés de 60 à 70 %, même chez les chauffeurs de place habitués à une clientèle moins jeune et plus discrète.

Sam Brody aimait conduire à tombeau ouvert. May Mann, mais aussi Raymond Strait, font état à plusieurs reprises de l'entrain mauvais qui le poussait à braver les limitations de vitesse et à mener les voitures aux alentours de 120 mph (soit près de 200 km/h). Sam avait le goût des automobiles sportives dangereuses, telle la Bentley coupé S Mulliner de l'actrice, ou sa propre Maserati Ghibli (le modèle conduit par l'acteur Maurice Ronet dans le film *Plein Soleil*). Une voiture d'une puissance inférieure à 350 CV était pour lui un veau. Gêné par son plâtre, il n'avait pu prendre le volant et sa rage interne était démultipliée comme sous l'effet d'un turbocompresseur. Depuis la prédiction d'Anton LaVey, l'orgueil le poussait à bravader encore davantage. On dit parfois des hommes ou des bolides qu'il foncent vers l'obstacle comme si le diable était à leurs trousses. L'image est à prendre au pied de la lettre et toute fuite en avant concerne à proprement parler ce qui vous poursuit et non le but inconnaissable de la course.

Sam avait le caractère aboyeur d'un mauvais chien. Il a harcelé le jeune chauffeur pour qu'il aille plus vite. Un peu plus tôt dans la soirée, il avait parlé au téléphone avec son fils Keith et la petite Elisabeth, âgée de trois ans, les deux enfants dont Beverly, son épouse, voulait le priver. D'après les témoins, la mauvaise conscience le rendait encore plus criailleur et arrogant que d'ordinaire.

De Biloxi à La Nouvelle-Orléans, le trajet prend, en voiture, environ une heure et demie. À cette heure de faible trafic, si on ne respecte pas les limitations, il est possible de réduire cette durée d'une vingtaine de minutes. L'itinéraire suit la route US 90 sur toute la longueur du voyage (87 miles). Les plages d'abord, jusqu'à ce que la route s'éloigne de la côte, puis les grandes étendues mystérieuses de ponts et de marécages. La route n'a guère subi d'aménagements depuis 1967. Le visiteur est étonné de constater que le ruban d'asphalte qu'on peut apercevoir sur les photos de presse du crash est tout à fait le même aujourd'hui qu'à l'époque. La bande unie de couleur blanche qui sépare la voie de circulation de la file de dégagement a conservé, à travers les années, les tempêtes et les morts, la même couleur crasseuse de chaussure de tennis usée. D'après les témoignages, la Buick aurait quitté l'hôtel aux alentours d'une heure trente du matin. Une mère de famille et son fils ont aperçu Jayne Mansfield qui achetait du soda vers deux heures et quart au restaurant routier The White Kitchen. On doit donc estimer la vitesse moyenne atteinte par le chauffeur à

90 mph, un chiffre très élevé compte tenu des limitations.

D'après ce témoignage, Jayne Mansfield aurait pénétré seule dans le restaurant alors que la Buick l'attendait devant la porte vitrée. Interpellée par la femme qui lui demanda si elle était bien Jayne Mansfield, elle aurait répondu : « *The one and only* », reprenant la formule publicitaire utilisée pour annoncer son passage à Biloxi.

Ce slogan était une de ses ultimes trouvailles. Il est possible qu'elle l'ait eu en tête parce qu'elle venait de coller sur l'album les annonces de son show découpées dans la presse de Biloxi. « *The one and only* » fut la dernière parole prononcée par Jayne Mansfield rapportée par un témoin extérieur. Quelques secondes après, le même témoin l'aperçut par la fenêtre du restaurant. Elle avait ouvert la portière avant de la Buick et tenait un enfant d'une dizaine d'années par la main. L'enfant, un petit garçon, semblait groggy. Sans doute s'était-il endormi à la place avant. Une fois qu'elle eut fait monter le garçonnet à l'arrière dans un dernier geste de tendresse maternelle, Jayne Mansfield resta un moment penchée sur les jeunes passagers.

Puis, remontant à l'avant, elle claqua la portière dans le silence qui séparait la vitre du restaurant du monde extérieur. Ce claquement silencieux est le dernier geste connu de Jayne Mansfield.

Ce retour au muet marque le début de la légende, l'évasion dans l'underground, envol tardif ou relégation. Dans *The Secret Life of a Satanist*, LaVey raconte qu'il était en train de découper un article destiné à son propre press-book quand il s'aperçut qu'il avait cisaillé par mégarde la tête de Jayne sur une photo placée au verso d'un journal. Un quart d'heure plus tard, le téléphone sonnait et la police de Slidell lui annonçait l'accident. On connaît le goût de LaVey pour les coups de ciseaux.

Le mensonge est pour ainsi dire téléphoné. Jamais un policier ne prendrait la peine d'éplucher un carnet d'adresses pour prévenir les amis de la victime. Il faut ici noter un procédé de substitution paranoïaque. LaVey pique la marotte de Jayne pour mieux s'attribuer la responsabilité de sa mort. Que son press-book le préoccupe semble probable, mais justement à l'heure fatale et au moment où Jayne faisait de même, c'est curieux. On sait que la mise en valeur des coïncidences est une figure commune de la rhétorique magique.

Dans le même livre, comme beaucoup de témoins (de May Mann au crooner gallois Engelbert Humperdinck), le mage prétend avoir été visité par le spectre de Jayne.

L'apparition figure dans une forme naïve et adorable à la fin du prologue d'un de ses films posthumes : *The Wild Wild World of Jayne Mansfield*. Mickey Hargitay vient de faire un dernier tour du Palais Rose en compagnie de ses deux fils sombrement vêtus de blazers écussonnés. Il évoque devant la caméra la présence du fantôme de Jayne à ses côtés. Elle apparaît alors à l'écran en ange musicien, dans la splendeur charmante de son époque *mambo queen*. Il s'agit de l'extrait d'une émission de télévision en noir et blanc où elle joue du violon.

Son visage non encore détruit ni même touché par la faillite des idéaux semble un peu mièvre, emplumé de maquillage hollywoodien.

L'image se fond doucement dans la nuit neigeuse des pellicules d'alors. Surgit en surimpression, dans le même rose LSD dont Kenneth Anger nimbe ses anges déchus, un banc-titre funéraire en forme de cœur.

Autre métempsycose : en 1968, la National Highway Traffic Safety Administration imposa aux transporteurs routiers la pose d'une barre en acier anti-encastrement. Ce pare-chocs situé sous le châssis des poids lourds porte le nom de *dot bumper*, mais les routiers américains le surnomment toujours volontiers *the Mansfield bar*.

Dans la même collection

Besson (Philippe)   *L'Enfant d'octobre*
Chessex (Jacques)   *Un Juif pour l'exemple* ■ *Le Vampire de Ropraz*
Decoin (Didier)   *Est-ce ainsi que les femmes meurent ?*
Duteurtre (Benoît)   *Ballets roses*
Eudeline (Patrick)   *Rue des Martyrs*
Foenkinos (David)   *Les Cœurs autonomes*
Fontenaille (Elise)   *Les Disparues de Vancouver* ■ *L'homme qui haïssait les femmes*
Gaignault (Fabrice)   *Aspen Terminus*
Maillet (Géraldine)   *Le Monde à ses pieds*
Sportès (Morgan)   *Ils ont tué Pierre Overney*

CET OUVRAGE A ÉTÉ COMPOSÉ
PAR FACOMPO À LISIEUX (CALVADOS)
ET ACHEVÉ D'IMPRIMER
SUR ROTO-PAGE
PAR L'IMPRIMERIE FLOCH
À MAYENNE EN NOVEMBRE 2011

N° d'édition : 16980 – N° d'impression : 80955
Première édition, dépôt légal : août 2011
Nouveau tirage, dépôt légal : novembre 2011
Imprimé en France